CB136086

Gerenciamento de recursos em projetos

PUBLICAÇÕES
FGV Management

GERENCIAMENTO DE PROJETOS

Gerenciamento de recursos em projetos

José Tenorio Barreto Junior
Marco Antonio Fernandes Cardoso

FGV | EDITORA IDE

Direitos desta edição reservados à
EDITORA FGV
Rua Jornalista Orlando Dantas, 37
22231-010 | Rio de Janeiro, RJ | Brasil
Tels.: 0800-021-7777 | 21-3799-4427
Fax: 21-3799-4430
editora@fgv.br | pedidoseditora@fgv.br
www.fgv.br/editora

Impresso no Brasil / *Printed in Brazil*

1ª edição: 2019

Preparação de originais: Sandra Frank
Editoração eletrônica: Abreu's System
Revisão: Fatima Caroni
Capa: aspecto:design

Ficha catalográfica elaborada pela Biblioteca Mario Henrique Simonsen/FGV

Barreto Junior, José Tenorio
Gerenciamento de recursos em projetos / José Tenorio Barreto Junior, Marco Antonio Fernandes Cardoso. – Rio de Janeiro: FGV Editora, 2019.
168 p.

Publicações FGV Management.
Área: Gerenciamento em projetos.
Inclui bibliografia.
ISBN: 978-85-225-2182-1

1. Administração de projetos. 2. Planejamento estratégico. I. Cardoso, Marco Antonio Fernandes. II. FGV Management. III. Fundação Getulio Vargas. IV. Título.

CDD – 658.404

Aos nossos alunos e colegas docentes, que são fonte de inspiração em nossa incessante busca de melhores métodos e práticas para o gerenciamento de projetos.

Sumário

Apresentação

Este livro compõe as Publicações FGV Management, programa de educação continuada da Fundação Getulio Vargas (FGV).

A FGV é uma instituição de direito privado, com mais de meio século de existência, gerando conhecimento por meio da pesquisa, transmitindo informações e formando habilidades por meio da educação, prestando assistência técnica às organizações e contribuindo para um Brasil sustentável e competitivo no cenário internacional.

A estrutura acadêmica da FGV é composta por escolas e institutos, todos com a marca FGV, trabalhando com a mesma filosofia: gerar e disseminar o conhecimento pelo país.

Dentro de suas áreas específicas de conhecimento, cada escola é responsável pela criação e elaboração dos cursos oferecidos pelo Instituto de Desenvolvimento Educacional (IDE), criado em 2003 com o objetivo de coordenar e gerenciar uma rede de distribuição única para os produtos e serviços educacionais da FGV.

Este livro representa mais um esforço da FGV em socializar seu aprendizado e suas conquistas. Ele é escrito por professores da FGV, profissionais de reconhecida competência acadêmica e prática, o que torna possível atender às demandas do mercado, tendo como suporte sólida fundamentação teórica.

A FGV espera, com mais essa iniciativa, oferecer a estudantes, gestores, técnicos e a todos aqueles que têm internalizado o conceito de educação continuada, tão relevante na era do conhecimento na qual se vive, insumos que, agregados às suas práticas, possam contribuir para sua especialização, atualização e aperfeiçoamento.

Rubens Mario Alberto Wachholz
Diretor do Instituto de Desenvolvimento Educacional

Sylvia Constant Vergara
Coordenadora das Publicações FGV Management

Introdução

O tema a ser tratado neste livro podemos dizer que, cada vez mais vem sendo considerado diferencial para o sucesso de um projeto. Como saberemos quais recursos usaremos nos projetos? Quais os perfis mais adequados para as atividades quando estivermos falando de pessoas? De quais recursos físicos necessitaremos para garantir a qualidade das entregas nos projetos e o consequente sucesso dos produtos deles resultantes? Quando falamos de recursos em projetos, em especial os humanos, estamos nos referindo a uma questão que envolve comportamento de pessoas, que envolve atitudes, lideranças, e não somente de um processo a ser seguido, como é mencionado nas outras áreas do conhecimento, descritas no livro *Fundamentos de gerenciamento de projetos* (Barcauí e Rego, 2019), ou seja, existe enorme subjetividade quando tratamos de questões humanas. Cabe-nos observar que se aliam a esse mesmo foco humano as áreas do conhecimento de comunicação e *stakeholders*, que formam, assim, um tripé de "gente envolvida". O gerenciamento de recursos em projetos trata de forma bem abrangente a identificação, a aquisição e o gerenciamento dos recursos necessários para que se conclua de forma eficaz o projeto.

No conjunto de processos citados no *PMBOK®* (2017), a área de conhecimento de gerenciamento de recursos em projetos contribui com seis processos distribuídos em grupos de processo de planejamento, execução e monitoramento e controle. São eles:

- no grupo de processos planejamento: planejar o gerenciamento de recursos e estimar os recursos das atividades;
- na execução: adquirir recursos, desenvolver a equipe e gerenciar a equipe;
- no monitoramento e controle: controlar os recursos.

Os processos dessa área de conhecimento irão buscar garantir que os recursos necessários estejam disponíveis para o gerente do projeto e sua equipe, exatamente no momento e local em que o projeto irá precisar desses recursos, não incorrendo, assim, em desperdícios e consequentes custos adicionais.

Os recursos podem ser:

- humanos (próprios e terceiros);
- materiais;
- equipamentos;
- infraestrutura.

O gerente de projeto poderá ter sua equipe em regime integral ou parcial, e para ser considerada equipe seus integrantes deverão ter papel e responsabilidades bem definidos. Outro ponto a considerarmos no papel do gerente de projeto, será a especial atenção no enquadramento dessa equipe em tarefas, conforme suas habilidades e competências, de forma integrada, como explicaremos mais adiante no capítulo 4. Apesar da necessidade de esses papéis e responsabilidades estarem claros no projeto, é importante o envolvimento adequado da equipe no planejamento do projeto e nas tomadas de decisão, para que se agreguem conhecimentos dessa equipe e ainda para que essa tenha uma visão global do projeto e não tão somente das atividades que cabem a cada um executar, criando assim um total comprometimento. Será importante ainda enfatizar a influência de fatores motivacionais que rodeiam o projeto e recompensas para as equipes.

Nos próximos capítulos, também será demonstrado como a questão da disputa por esses recursos humanos acontece nos modelos de estrutura organizacional dos projetos e como o gerente de projeto terá papel preponderante nas negociações por esses recursos. Tal fato se faz importante, pois o gerenciamento adequado de recursos, disponibilizando-os no tempo em que o projeto precisa, com a qualidade adequada, irá fazer toda a diferença no resultado final do mesmo e consequente êxito na entrega final. Como exemplo, deixar recursos em estoque para que sejam utilizados num determinado momento futuro do projeto pode significar custos operacionais e, inclusive, impactar as margens de lucro do produto face ao custo elevado desnecessário do projeto.

Finalizando, o livro está dividido em seis capítulos, que possuem conteúdo relativo ao gerenciamento de recursos de forma que o projeto tenha pleno sucesso e que recursos humanos e não humanos sejam bem otimizados, garantindo um projeto com pleno êxito.

No primeiro capítulo, são vistos o ambiente de projetos e principais *stakeholders* no gerenciamento de recursos, e por que esses fatores são preponderantes no projeto.

No segundo capítulo, abordam-se questões relacionadas ao gerenciamento de recursos em projetos e a interferência desse gerenciamento no dia a dia do gerente do projeto.

Já no terceiro capítulo, descreve-se "o plano de gerenciamento dos recursos do projeto" e como o mesmo é elaborado.

No quarto capítulo, são estudados "o gerenciamento de recursos humanos do projeto", como total foco na equipe e em como obter seu perfeito engajamento.

No quinto capítulo, apresenta-se "a execução do gerenciamento de recursos", com o detalhamento dos respectivos processos ligados a essa fase, buscando, para o leitor, um perfeito entendimento de como garantir, principalmente, a obtenção dos recursos, o desenvolvimento da equipe e o gerenciamento da mesma.

O sexto capítulo, "Monitoramento e controle da gestão de recursos", dá ênfase a como conseguir avaliar, administrar e obter *status* do andamento do projeto de forma a auxiliar adequadamente o processo decisório que envolve todas as ações do projeto.

O livro é finalizado com as conclusões de como se deve ter uma especial atenção a essa área de conhecimento, pois, se ela for negligenciada, decerto o projeto não terá o sucesso esperado pelos envolvidos.

No apêndice, é mostrado, a título de exemplo, um *template* com as principais etapas que compõem um plano de gerenciamento dos recursos do projeto.

1
Ambiente de projetos e principais *stakeholders* no gerenciamento de recursos

No ambiente de projetos, há uma alta influência de diversos tipos de pessoas, de empresas, de entidades e/ou órgãos de governo que podem afetar positivamente ou negativamente os projetos. São chamados de *stakeholders*. Nesse contexto, o gerente de projeto é peça fundamental no equilíbrio e harmonização de toda a ação, com seus papéis e responsabilidades focados numa boa assertividade no planejamento de recursos e também no seu gerenciamento durante a execução do projeto.

A função do gerente de projetos na gestão dos recursos

O gerente de projeto (GP) possui enorme papel para o sucesso ou não da empreitada e, para tanto, tem papel fundamental em todos os grupos de processos, ou seja, desde a iniciação até o encerramento do projeto.

Papéis e responsabilidades

Na iniciação, o papel e as responsabilidades do GP são de bem entender a ideia inicial do que está sendo proposto para ser um projeto. Nesse contexto, os gerentes de projeto podem também auxiliar na análise do negócio, na construção do *business case* e ainda também ter o papel de buscar a aprovação dessa ideia junto ao *sponsor* no termo de abertura, documento em que se deixa claro o papel e o nível de responsabilidades desse GP. Já para seguir com o planejamento, é importante ter entendido bem a ideia geral para agora buscar os requisitos para atender a esse projeto e com isso poder chegar até o detalhamento no cronograma de trabalho. Não é adequado, mas acontece de alguns GPs só entrarem no projeto na fase de execução, perdendo-se assim a identificação do GP com o projeto e suas possíveis contribuições nas fases anteriores. Na fase de execução, é importante o GP atuar próximo de toda a sua equipe, buscando obter os resultados planejados para as fases previstas no cronograma. Para acompanhar o andamento do projeto, o grupo do processo de monitoramento e controle permitirá ao GP ter um retrato de tudo o que está acontecendo no projeto – o que está dentro do previsto e o que está descolando do planejado.

Um *stakeholder* que possui papel importante no gerenciamento de recursos humanos em projetos é a área de RH das empresas, que executa atividades de recrutar e selecionar pessoas para o projeto, devendo atuar junto ao GP nesse processo de escolha. Segundo Rocha-Pinto (2007) há um "segredo" em selecionar profissionais que caibam bem em projetos. Os profissionais devem:

- possuir competências adequadas ao cargo e à organização;
- gostar do que fazem, estabelecendo vínculo afetivo com as atividades;
- se identificar com seus companheiros de trabalho e com os valores da organização.

Assim, com seu papel definido, o GP poderá atuar com medidas corretivas ajustando a rota de seu projeto. Na fase de encerramento, o foco principal é a entrega final e na consequente satisfação do cliente, e o GP fará de tudo para que, nessa chegada, esteja tudo dentro das expectativas dos *stakeholders*.

Sendo assim, apesar de todos os integrantes da equipe do projeto terem suas responsabilidades muito bem definidas, a responsabilidade do projeto em si é do GP, devendo ele ter uma visão global de todas as responsabilidades que certamente estarão impactando as entregas intermediárias do projeto. Fazendo uma analogia, é como se fosse uma grande orquestra – cada integrante sabe tocar seu instrumento, mas quem vai buscar que tudo se integre e flua em harmonia é o maestro. Assim é também o GP, ao buscar a inclusão de todos da equipe num trabalho que esteja otimizado e alinhado ao resultado final. Nesse sentido, cada vez mais é importante que a equipe tenha essa visão de interdependência em prol do resultado maior para a organização que está patrocinando o projeto. Com essa visão do todo, de objetivos globais e da sua importância dentro desse contexto, é mais factível alcançar bons resultados.

Principais competências

Com base na figura 1, vamos abordar o triângulo de talentos do PMI, que aborda gerenciamento de projetos técnicos, liderança e gerenciamento estratégico e de negócios.

Nesse triângulo, uma competência considerada para o GP é na área de gerenciamento de projetos pela ótica técnica, que permite saber quais ferramentas ou metodologias existentes no mercado são mais adequadas ao seu projeto e ainda filtrar e adaptar o que faz mais sentido para seu tipo de negócio corporativo. Já o gerenciamento estratégico e de negócios faz com que o GP deva ter conhecimento do segmento a que o projeto pertence e da cultura organizacional da empresa. Apesar de muito se dizer que

Figura 1
O triângulo de talentos do PMI

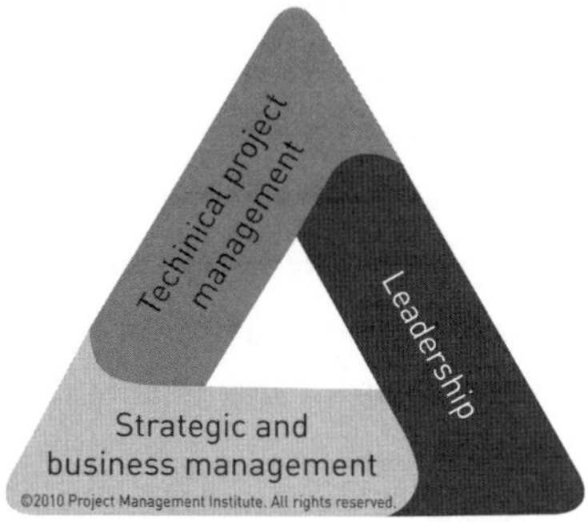

Fonte: PMI (2017).

o GP pode gerenciar qualquer projeto, entendemos que minimamente conhecer do negócio poderá auxiliar na sua criticidade na avaliação de tarefas, por exemplo, de sua equipe, evitando folgas de tempo em tarefas por vezes mal dimensionadas, que poderiam assim impactar diretamente o prazo do projeto. Entenda-se como "conhecimento do negócio" ter-se uma visão geral daquele mercado, pois o projeto tem de gerar valor para o negócio, o que pressupõe o conhecimento de tal negócio. Nesse cenário, o GP conhecer a estratégia da empresa se torna condição *sine qua non*, já que os projetos são as alavancas que irão viabilizar a estratégia corporativa para atingir sua visão de médio/longo prazo. Por último, o GP, tendo a habilidade de liderança, estará orientando, provocando a motivação e dirigindo sua equipe. Podem ser ainda incluídas como competências essenciais do GP:

- negociação;
- resiliência;
- comunicação;
- habilidades interpessoais.

A capacidade de negociação é muito usada pelo GP durante a vida do projeto para negociar recursos frente aos gerentes funcionais de uma estrutura matricial de uma empresa, por exemplo. Esses gerentes funcionais tendem a fornecer os recursos disponíveis em suas equipes. O GP deve buscar o recurso necessário para a atividade a ser realizada, não solicitando nem a mais nem a menos recursos que a atividade exige; tão somente, a necessária competência para a conclusão de um trabalho. Negociar cronograma pode acontecer, por exemplo, junto a um patrocinador do projeto que precisa de um resultado num determinado tempo diferente do tempo apresentado no cronograma do plano do projeto. Nessa hipótese, o GP deverá mostrar ao patrocinador em qual melhor tempo ele consegue entregar o produto do projeto e o que terá de fazer para que consiga essa redução no cronograma. A negociação de escopo pode estar alinhada a uma negociação de cronograma, em que o patrocinador pode abrir mão de parte de um escopo para que o tempo desejado por ele seja conseguido, ou seja, todas as áreas do conhecimento podem passar por situações de negociação. Quanto à competência relacionada à resiliência, temos de tomar muito cuidado ao falar em resiliência e resistência. O gerente de projeto pode por vezes resistir, visando a um melhor caminho no sentido de preservar o *status quo* do projeto e não deve permitir acontecer uma mudança com a qual não concorda, deixando de se posicionar simplesmente para não parecer um profissional resistente. Vamos nos posicionar, ter argumentação e balizamento para nossas posições. Devemos avaliar o que já deu certo e errado no passado e trazer isso para a mesa de discussão. Isso não é resistir, é ter experiência, e isso não deve ser desprezado de forma alguma. Resiliência não é aceitar a mudança e pronto. Pelo contrário, o resiliente é um ser adaptável, que sabe que o ambiente é dinâmico e que tudo sempre tem espaço para melhorar, e consegue aguentar a pressão sem passar para sua equipe. Posicionar-se com clareza é um ato de profissionalismo.

Alertar para possíveis consequências e riscos de mudanças sugeridas é sempre uma atitude de maturidade profissional que deve ser respeitada e valorizada. Vamos ser resilientes, sim, no sentido de estarmos sempre a postos na busca da melhoria contínua, mas não vamos aceitar tudo calados para não sermos tachados de "resistentes", pois não é isso que o mercado deseja de um resiliente. A competência da comunicação é transversal ao projeto, pois é usada por todas as áreas do conhecimento. Um GP que tenha um bom poder de se comunicar terá muitas vantagens, pois mais de 90% do tempo do GP transcorrem usando essa competência. Já as habilidades interpessoais bem desenvolvidas do GP o levarão a ter credibilidade perante as partes envolvidas, gerando impacto direto no resultado do projeto. Os mais destacados gerentes de projeto trabalham para adquirir o poder e a autoridade de que necessitam dentro dos limites das políticas organizacionais, dos protocolos e procedimentos em lugar de aguardar que estes lhe sejam concedidos.

Ainda discorrendo sobre competências, é importante citarmos a denominação CHA, que é muito usada na implementação de gestão de competências. Seu significado está explicitado no quadro 1.

Quadro 1
O que é o CHA?

C SABER	**H** SABER FAZER	**A** QUERER FAZER
Conhecimentos	Habilidades	Atitudes

Rabaglio (2001) cita passos para o mapeamento do CHA nas organizações e, fazendo uma analogia para a carreira de um GP, também é importante a junção das três iniciais (CHA) para que exerça seu cargo ou função no projeto de modo que a entrega final seja de boa qualidade. No entanto, essas atribuições precisam estar bem definidas. A autora define significados para cada uma dessas letras:

- C = saber (conhecimentos adquiridos no decorrer da vida, nas escolas, universidades, cursos etc.);
- H = saber fazer (capacidade de realizar determinada tarefa física ou mental);
- A = querer fazer (comportamentos que temos diante de situações do nosso cotidiano e das tarefas que desenvolvemos no nosso dia a dia).

Entendemos que o GP deve estar sempre girando seu próprio PDCA, ou seja, planejar (*plan*) o conhecimento que lhe é devido à frente de um projeto, executar (*do*) suas atividades, checar (*check*) se estão acontecendo de acordo com suas expectativas iniciais e então realizar (*act*) um processo de melhoria contínua, fruto do refino desse conhecimento, pois sempre há espaço para melhor fazer alguma tarefa e, assim, como consequência teremos comportamentos motivados pelo contínuo desafio de melhorar.

O referencial de competências do IPMA Competence Baseline (2012) cita o "olho da competência" (figura 2), que representa as competências necessárias de um gestor de projetos na ótica da International Project Management Association (IPMA), cuja certificação é baseada na ICB (IPMA Competence Baseline). No que se refere às competências técnicas, o gerente de projeto deve dominar as áreas do conhecimento envolvidas na gestão de projetos, bem como suas ferramentas e técnicas. Já no que tange às competências contextuais, o gerente de projetos precisa compreender o contexto em que seu projeto está, ou seja, conhecer o segmento no qual o projeto está inserido. Não se podem desprezar as particularidades de um determinado setor. Por exemplo, projetos do setor elétrico, projetos de telefonia, projetos da área da saúde, todos esses possuem especificidades que devem ser consideradas. As competências comportamentais refletem basicamente as habilidades interpessoais, tais como liderança, inteligência emocional e inteligência social.

Figura 2
Olho da competência

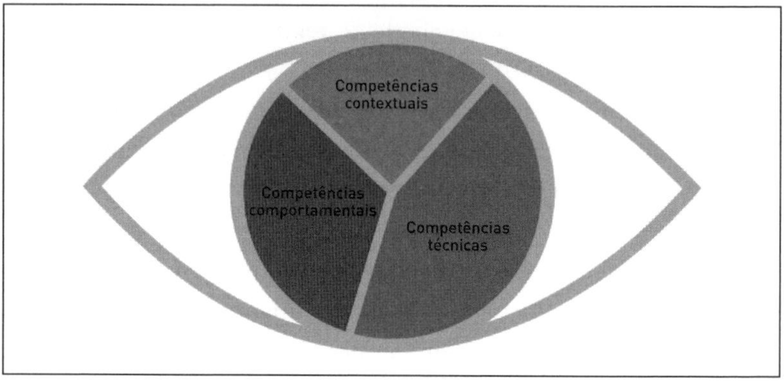

Fonte: ICB – IPMA Competence Baseline, versão 3.0.

No que se refere à esfera de influência do GP, o mesmo deve possuir uma boa rede de relacionamento em todas as fases do projeto de forma a trabalhar no engajamento de *stakeholders* em prol de um melhor resultado do projeto.

A esfera de influência do GP, segundo o *Guia PMBOK*® (PMI, 2017), se pauta em:

- projeto;
- organização;
- setor;
- disciplina profissional;
- interdisciplinaridade.

No projeto, o GP se utiliza da liderança, da comunicação e de habilidades comportamentais e interpessoais para interagir com sua equipe, com o *sponsor* e com os mais diferentes *stakeholders* do projeto e, dependendo de como ele é percebido e respeitado, dará a credibilidade necessária para atuar junto a essas diferentes esferas de poder, fazendo com que o projeto flua de acordo com o esperado.

No ambiente da organização, o GP precisa interagir com gerentes funcionais, com outros gerentes de projeto, por vezes dentro da estrutura a que o mesmo está subordinado, focando sempre o alinhamento com os interesses estratégicos da organização.

Quanto ao setor, o foco é estar atento às questões daquele segmento em que o projeto está inserido, inclusive analisando o "ambiente externo", e porventura alinhando o projeto a novas tendências.

A disciplina profissional dá ao GP o papel de buscar divulgar boas práticas utilizadas, atuando na disseminação da cultura e do conhecimento adquirido em gerenciamento de projetos externamente; entre disciplinas, é a difusão do aprendizado a outras áreas da empresa, por exemplo, como um papel de multiplicador de boas práticas.

Por fim, o GP tem um papel voltado para o total alinhamento com a estratégia corporativa, sempre atento ao uso final do produto resultante do projeto e aos benefícios que o mesmo irá proporcionar à organização, e outro papel diretamente no projeto, na orientação e formação de sua equipe, buscando engajamento e identidade com o empreendimento e com aquilo que este trará para a empresa. Um ponto também de grande importância para o GP é saber gerenciar os recursos do projeto para que garanta, assim, recursos otimizados ao longo da realização das atividades. A próxima seção irá abordar esse ponto.

Principais desafios para gerenciar recursos

O grande desafio para gerenciar recursos vem a ser o nível de precisão ao se dimensioná-los, ou seja, saber prever e medir a necessidade de tal ou qual recurso e como o mesmo estará impactando no resultado do projeto. Desafios como esse podem ser potencializados com incertezas relacionadas ao tema do projeto. Por exemplo, num projeto de pesquisa e desenvolvimento, questões tecnológicas emergentes podem gerar grande dificuldade em sua condução.

Não podemos deixar de enfatizar também os desafios relacionados ao comportamento humano, que afetam diretamente o gerenciamento de recursos, pois o consenso do que é necessário para o projeto, estimativas pouco realistas e/ou expectativas fora da realidade por parte dos diferentes *stakeholders* podem gerar frustração no resultado final. Outra questão fundamental para o sucesso do projeto é o GP ter o apoio do *sponsor*, pois essa aliança é que sinalizará para toda a organização quanto o projeto é importante, e com isso você obterá mais aliados, ajudando inclusive na obtenção dos recursos necessários.

É importante também, como gerentes de projetos, trabalharmos a inteligência emocional, pois cada vez mais é comum passarmos por mudanças organizacionais que, ao baterem em nossa porta, poderão trazer questionamentos, dúvidas e até mesmo desconfiança sobre como está sendo conduzido o projeto e, consequentemente, sobre o porquê de determinados recursos estarem mobilizados. A mudança dentro desse contexto também poderá ser uma oportunidade para sairmos da nossa zona de conforto e revisitarmos nossos processos de gerenciamento de recursos. Estando abertos para isso, a confiança se restabelecerá e os momentos à frente serão sempre de um trabalho mais amadurecido, com um aprendizado generalizado para a equipe e demais *stakeholders*.

No entanto, é importante deixarmos claro de que recursos estamos falando, assunto da próxima seção.

Recursos a serem gerenciados

De que recursos estamos falando? Recursos humanos e recursos físicos. No que se refere aos recursos humanos, estamos falando de pessoas que comporão a equipe e que entrarão e sairão de atividades ao longo do projeto, trabalhando de forma integral ou parcial. Essa equipe deverá possuir papéis e responsabilidades bem definidos. Podemos esperar, portanto, que a equipe do projeto varie ao longo de toda a sua execução e que as pessoas sejam inseridas exatamente no momento em que as tarefas exijam, com a competência adequada (nem mais nem menos que o necessário) e com o tempo bem dimensionado para realizar cada atividade. Essa questão do adequado dimensionamento é ponto de suma importância, pois, se estivermos, por exemplo, numa estrutura matricial, será natural a disputa por recursos entre projetos, e seu projeto deve contribuir para o sucesso de todos os projetos da organização. Portanto, medir adequadamente o uso desses recursos passa a ser um papel do GP mediante a visão de interesse global da organização.

Outro ponto é que, de uma forma equilibrada em termos de horas alocadas, a equipe do projeto deve participar também da fase de planejamento, apresentando ideias e, com isso, criando o senso de pertencimento ao projeto. Em busca de um melhor aproveitamento e integração desses recursos humanos, o GP deverá trabalhar com a motivação de toda a equipe, assunto que será melhor explorado na seção "Cultura, clima e motivação da equipe de projetos" do capítulo 6 deste livro.

Vamos agora abordar os recursos físicos, tais como infraestruturas físicas, equipamentos e materiais, que, analogamente aos recursos humanos, também precisam ser bem dimensionados e planejados quando de sua necessidade. Um ponto a se ressaltar é a disponibilidade de estruturas físicas da organização, tais como o uso de laboratórios que, por vezes, servem a mais de um projeto. Equipamentos e materiais também podem ser otimizados entre projetos, muitas vezes evitando-se a necessidade de aquisições. Por exemplo: numa empresa estaremos adquirindo para o projeto um servidor para rodar um software, mas há outro projeto de software, em outro departamento, que também pode fazer uso desse mesmo servidor sediado na área de TI, no nosso exemplo. Na qualidade de GP, devemos ficar atentos para o melhor aproveitamento dos recursos entre os projetos de toda a organização. Administrar todos esses recursos é um trabalho de grande complexidade, e isso é potencializado quando sabemos que existem interfaces entre esses recursos e as demais áreas do conhecimento, como a próxima seção bem aborda.

Principais interfaces com demais áreas do conhecimento dos projetos

As áreas de gerenciamento de recursos, assim como todas as demais do *PMBOK®*, possuem interação entre si, e todas impactam umas às outras como uma grande colcha de retalhos. Pois bem, vamos citar pontos mais destacáveis de cada área em termos de impacto na área de gerenciamento de recursos.

Na área de gerenciamento de escopo, por exemplo, no processo de coleta de requisitos, o qual possui o objetivo de definir o escopo do projeto, há a necessidade de estarmos atentos a pequenos detalhes, por exemplo, aos desejos mais íntimos dos *stakeholders* do projeto, devidamente identificados no processo de iniciação e relacionados em lista encontrada na área de gerenciamento de *stakeholders*. Perceber a linguagem corporal e se o ambiente no momento dessa coleta está fértil para essa percepção de *insights* irá influenciar diretamente a geração das necessidades, tanto de recursos físicos quanto de recursos humanos. Deve-se, portanto, estar atento e concentrado, pois perder parte de um escopo por não estar com o espírito de observação adequado pode causar enormes prejuízos futuros na condução do projeto e, consequentemente, na falta ou excesso de recursos para o projeto.

Um exemplo de relação da área de gerenciamento da comunicação com o gerenciamento de recursos pode ser a realização de reuniões periódicas com o cliente durante o andamento do projeto, para verificar sua satisfação com os recursos humanos e físicos e, inclusive, a necessidade de mudanças, que, caso aconteçam, deverão passar pelo processo de aprovação da mudança. O processo de aprovação da mudança no projeto consiste em seis etapas: identificar a mudança, verificar o impacto da mudança, verificar possíveis alternativas à mudança sugerida, aprovar internamente, aprovar externamente e implementar a mudança.

Na área de gerenciamento das aquisições, devemos estar atentos a questões de equipamentos e materiais disponíveis em estoque; devemos estar sensíveis a como se utilizar da gestão de estoque, tendo em vista que a estocagem em excesso também é um fator que poderá afetar a área de gerenciamento de custos em projetos.

No que tange a materiais e equipamentos ainda a serem adquiridos, os mesmos devem ter seus processos de aquisição disparados prevendo os processos da área de gerenciamento de riscos inerentes a essas compras, principalmente quando estivermos falando de equipamentos e materiais importados, sobre cuja chegada não temos ingerência, o que pode ter impacto direto na área de gerenciamento de tempo.

Ainda em recursos físicos, a questão da área de gerenciamento da qualidade desses recursos é um ponto de atenção, pois pode ter impacto direto no resultado final do projeto e, consequentemente, no ciclo de vida do produto entregue, podendo gerar custos futuros de não conformidade na vida do produto, tais como garantia, *recall* etc.).

No que se refere à área de gerenciamento de riscos, por vezes os próprios recursos podem ser riscos para o projeto. Como exemplo, podemos citar um recurso humano que possua um conhecimento tácito que gera uma dependência, pela dificuldade de se transferir conhecimentos na fronteira do saber para outras pessoas. Nesse caso, deve-se tratar tal situação como risco no projeto, buscando alternativas de codificação daquele conhecimento.

* * *

No próximo capítulo, abordaremos o gerenciamento de recursos em projetos de uma forma geral, dando ênfase a estruturas organizacionais, apresentando suas vantagens e desvantagens nos ambientes de projetos.

2
O gerenciamento de recursos em projetos

Caro leitor, antes de apresentarmos o conceito dessa importante área do conhecimento, cabe uma observação de caráter elucidativo. O gerenciamento de recursos nos projetos foi objeto de uma significativa mudança a partir da edição do *Guia PMBOK®* realizada em 2017 (PMI, 2017), uma vez que nas edições anteriores essa área abordava o gerenciamento de pessoas nos ambientes de projetos, ou seja, os recursos de natureza humana. O objetivo agora é a otimização de recursos de qualquer ordem, desde humanos a equipamentos/materiais.

Conceituação e objetivos

A principal mudança presente no conceito e objetivos do gerenciamento de recursos em projetos foi a inclusão de outros recursos necessários à realização das entregas dos projetos, recursos esses não de natureza humana, como máquinas, equipamentos, insumos entre outros, e até serviços de terceiros realizados por empresas ou profissionais autônomos de mercado, como detalharemos adiante.

A área do conhecimento denominada anteriormente pelo *Guia PMBOK®* como gerenciamento de pessoas em projetos, passou a se chamar gerenciamento de recursos em projetos.

Conceitualmente, o gerenciamento dos recursos do projeto abrange um conjunto de processos para identificar, obter e gerenciar os recursos necessários para o sucesso do projeto. Esses processos ajudam a assegurar que os recursos corretos serão disponibilizados para o adequado gerenciamento, incluindo a equipe de projetos, no momento e o local certos (PMI, 2017).

Esse conjunto de processos referente ao gerenciamento dos recursos do projeto tem como objetivo:

- planejar o gerenciamento dos recursos;
- estimar as atividades dos recursos;
- obter os recursos;
- desenvolver a equipe;
- gerenciar a equipe;
- controlar os recursos.

Esses processos podem ser visualizados na figura 3.

Como pode ser observado na figura 3, esses processos referentes ao gerenciamento dos recursos do projeto estão presentes nas fases de planejamento, execução, monitoramento e controle.

Vale a pena ressaltar a ênfase do gerenciamento dos recursos humanos na fase de execução dos projetos, direcionado exclusivamente à mobilização, desenvolvimento e gerenciamento da equipe de projetos com vistas a atingir os resultados efetivos, como apontado por Cardoso e Mardegan (2010), não envolvendo os demais recursos nessa fase.

No entanto, devemos enfatizar que o gerenciamento dos recursos se processa dentro de um contexto organizacional que, por sua vez, está inserido em um ambiente de negócios envolvendo vários *stakeholders* e seus interesses, os quais acabam direta ou indiretamente influenciando os resultados dos projetos.

Figura 3

Conjuntos de processos e interações entre o gerenciamento de recursos e áreas do conhecimento

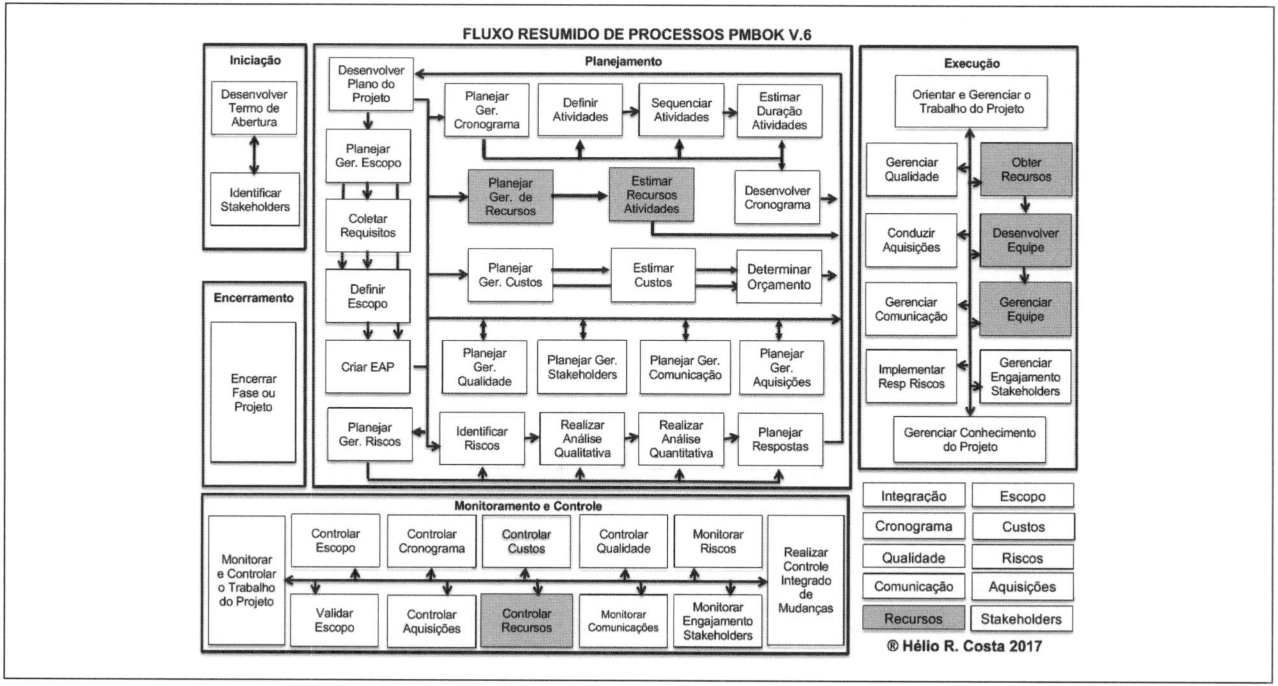

Fonte: adaptada por Hélio Costa® (2017) com base no *PMBOK*® (PMI, 2017).

Ainda devemos considerar que relações entre esses *stakeholders* deixaram de ser formais, definidas e até estáveis, passando a ser configuradas pela oportunidade específica de cada negócio (Friedman, 2005), ou seja, os fatores ambientais e organizacionais não são de natureza estática. Esses fatores se apresentam, influenciam e interagem nas empresas e em particular nos seus projetos, em um contínuo processo de mudança ambiental e organizacional. Na próxima seção, vamos abordar esses fatores e os respectivos impactos nos recursos do projeto.

Fatores ambientais e ativos organizacionais nos recursos dos projetos

Os fatores ambientais e organizacionais contemplam uma série de características com impacto profundo na maneira como a empresa gerencia seus projetos.

Esses fatores podem ser de natureza logística, tecnológica, política, interpessoal e organizacional no entorno do ambiente de projetos, que se processam, muitas vezes, em ambientes organizacionais distintos, com técnicas diferentes e uma pluralidade de indivíduos e interesses.

Cabe-nos ressaltar que cada organização processa suas atividades considerando normas, procedimentos, práticas, rotinas próprias que emolduram e norteiam as ações e relações do cotidiano nas empresas e considerados ativos organizacionais.

Portanto, é imprescindível que os gerentes de projetos busquem o conhecimento prévio e compreensão dos ativos organizacionais que permeiam as atividades de cada projeto, sobre os quais dificilmente poderão ter alguma ingerência dada sua natureza corporativa.

Por exemplo, na contratação de um profissional indicado pelo gerente de projeto para compor sua equipe não é razoável que o mesmo seja contratado por um salário incompatível com os salários vigentes para função similar. Ou ainda, que essa contratação se dê fora da política de plano de carreira ou dos processos de recrutamento e seleção da organização onde o projeto está inserido.

Apresentamos a seguir alguns fatores ambientais e organizacionais que podem influenciar de forma positiva ou restritiva o desempenho dos projetos:

- recursos existentes (dos humanos às competências técnicas e comportamentais);
- condições técnicas para o projeto (tecnologia nova, tecnologia conhecida);
- cenário do projeto (logística de transporte, regiões, países, empresas etc.);
- cultura organizacional (ambiente do projeto, interno ou externo).

Um exemplo do impacto da cultura organizacional no desempenho de projetos se fez presente no estudo de caso referente à implantação da infraestrutura de telefonia celular por uma importante empresa operadora de telecomunicações para cobrir o estado de São Paulo, como relatado por Cardoso e Mardegan (2010).

O escopo do projeto envolvia a prospecção de locais adequados e, uma vez estes definidos, contemplava a construção civil, com instalação elétrica e ar-condicionado, bem como a implantação de torres metálicas para futura instalação das antenas e dos equipamentos nesses locais, que são denominados "estações rádio base".

Para realizar a conexão de celular para a transmissão e recepção dos sinais entre essas estações, o projeto envolveu a construção de milhares de estações implantadas em chácaras, sítios, fazendas, beira de estradas, edifícios comerciais e residenciais e, em alguns casos, em área livres de grandes residências.

A operadora de telecomunicações escolheu, entre as diversas empresas empreiteiras que participaram da licitação, três delas para atenderem ao escopo desse projeto.

Para tal, a operadora celular constituiu três equipes de projetos, contendo cada uma um time da empreiteira que deveria implementar as estações, trabalhando em conjunto com outras três equipes da operadora, formando, assim, três pares de equipes interorganizacionais.

A operadora estabeleceu uma regra para esse jogo. Qual foi? A regra foi desafiar cada uma dessas três equipes a entregar o máximo de estações rádio bases a cada mês, para que no mês seguinte a operadora liberasse as estações, de forma diretamente proporcional ao desempenho de cada uma das três equipes interorganizacionais que competiam entre si. Ou seja, quem entregava mais estações recebia mais novas estações no mês seguinte, ampliando o escopo de seu contrato e, por decorrência, o faturamento (do lado dos fornecedores) e as bonificações para os funcionários de cada equipe (do lado da operadora).

Em certa altura da implantação das estações rádio bases, uma dessas equipes interorganizacionais, que era formada por profissionais de uma das empreiteiras – a BrasilSat S.A., tradicional empresa de produtos e serviços de telecomunicações – e o time parceiro da operadora celular vinham apresentando um baixo desempenho e dificuldades de alcançar as metas de instalações propostas pela operadora celular.

Qual seria o motivo? Constatou-se que havia uma grande dificuldade na aquisição de alguns materiais de instalação não previstos originalmente, por exemplo, cabos de aterramentos, baterias e miudezas. Isso acontecia por conta do longo prazo de processamento dessas compras por parte da empreiteira, baixa autonomia do seu gerente de campo para tomar a decisão de compra e baixa reserva financeira nos locais das obras para processar essas aquisições emergenciais, muitas vezes difíceis de ser previstas na fase inicial dos projetos de implantação das estações. Essas aquisições só se mostravam necessárias no momento das instalações.

Por outro lado, a equipe parceira da empreiteira do lado da operadora era cobrada pela sua diretoria quanto ao baixo desempenho da mesma com a respectiva empreiteira parceira. Essas duas equipes interorganizacionais, embora trabalhando aos pares, em conjunto, estavam em um verdadeiro descompasso.

A equipe operadora desenvolvia suas atividades com muita autonomia decorrente das características culturais da organização, permitindo uma atuação de forma ágil e autônoma. Em contraponto, a empreiteira parceira, pela sua cultura organizacional autocrática e monolítica (Shein, 2009), centrada na alta direção, tinha como único foco o atendimento dos processos decisórios preestabelecidos, mesmo aqueles de natureza operacional. Ou seja, seus processos eram processados na matriz da empresa de forma burocrática e morosa, carecendo de muitas etapas e aprovações mesmo para a compra de um simples material emergencial.

O que acontecia era que as obras de instalação paravam muitas vezes no aguardo da realização desses processos de aprovação, aquisição, liberação e entrega desses itens. Como consequência, a obra tinha várias paralizações, às vezes de dias, aguardando os materiais emergenciais, o que provocava atrasos e baixa performance dessa equipe organizacional.

No quadro 2, Cardoso e Mardegan (2010:10) revelam as principais "diferenças culturais organizacionais, com implicações nos estilos de gestão percebidos nas atitudes e ações do cotidiano operacional e relacional entre os profissionais das duas empresas", constatadas entre os gerentes de projeto com as equipes respectivas da empreiteira BrasilSat e da operadora celular durante o período de implantação das estações rádio bases.

Quadro 2
Comparação de características associadas às categorias de estilo de gestão

Características	Operadora móvel	Brasilsat	Divergências	Convergências
1. Sistemas de gestão	descentralizado	centralizado	x	
2. Estrutura de poder	autônoma	autocrática	x	
3. Autonomia das equipes	alta	restrita	x	
4. Integração equipe/ empresa	alta	limitada	x	
5. Gestão financeira/equipe	independente	vinculada	x	
6. Agilidade nas deliberações	alta	limitada	x	
7. Foco em qualidade	alto	alto		x
8. Atualização tecnológica	alta	alta		x
9. Sistemática de comunicação	objetiva	ambígua	x	
10. Flexibilidade	alta	restrita	x	
11. Integração da equipe	alta	limitada	x	
12. Sistema de reconhecimento	desafiador	punitivo	x	
13. Transparência operacional	alta	difusa	x	
14. Competência técnica	alta	alta		x
15. Apoio da alta direção	alto	alto		x
16. Estratégia de resultados	longo prazo	curto prazo	x	
17. Foco no negócio	cliente	lucratividade	x	
18. Origem/atuação	global	local	x	

Fonte: Cardoso e Mardegan (2010:12).

Gostaríamos de ressaltar que a parceria do caso em questão se estabeleceu por meio de um "formato para a atuação das organizações, que terão de trabalhar com vários tipos de relações colaborativas, coexistindo com novas culturas decorrentes das integrações interorganizacionais", como enfatizado por Cardoso (2013:14).

E, nesse aspecto, o quadro 2 mostra claramente a expressiva incidência de pontos divergentes e até incompatíveis referentes à autoridade do corpo gerencial, com reflexos nas formas e processos no gerenciamento dos recursos de ambas as organizações, trabalhando em uma parceria. Mais do que isso, o reflexo no baixo desempenho decorrente da ausência de sintonia nas relações colaborativas por conta dos estilos de gestão impressos por ambas organizações.

Outro importante fator do ambiente organizacional que vamos explorar se refere à estrutura organizacional na qual os projetos estão inseridos e os impactos no nível de autoridade que o GP possui em relação aos recursos necessários para a realização dos projetos, como detalharemos a seguir.

Estruturas organizacionais e os recursos dos projetos

Os resultados dos projetos dependem da forma como as pessoas e grupos envolvidos desenvolvem suas interações e relacionamentos, cujos efeitos tanto para os objetivos estratégicos quanto para o bem-estar dos indivíduos são diretamente influenciados pela estruturação dessas relações.

As formas como as pessoas se organizam em torno das especificidades de cada projeto, a atribuição dos papéis, o estilo de liderança, a distribuição de responsabilidades, normas e regras de interação, o fluxo de atividades poderão determinar a maior ou menor eficiência e desempenho dos projetos.

As organizações são consideradas sistemas, processos e recursos humanos e físicos que interagem para atingir determinados objetivos.

Cardoso e Marras (2013) ressaltam que as organizações contemporâneas estão moldadas por estruturas em torno de projetos e seus processos, compartilhando recursos, incluindo os humanos, com times de projetos, que agregam vários arranjos colaborativos, dependendo da estratégia no momento organizacional.

Nossa proposta é demonstrar como a estrutura organizacional formal pode ser aplicada aos diversos tipos de configurações dos projetos e selecionar o modelo mais adequado e respectivas implicações em sua performance.

Na apresentação gráfica das estruturas formais, as linhas representam os fluxos de relacionamento e as caixas as funções e atribuições dos envolvidos.

As principais estruturas organizacionais são: as estruturas funcionais ou hierarquizadas, as projetizadas e as matriciais, esta última subdividida em matriz fraca, balanceada ou forte. Como apresentaremos adiante, existe uma relação de autoridade sobre os recursos e o tipo de estrutura organizacional utilizado em cada projeto.

Estruturas funcionais

Na estrutura funcional, as áreas funcionais, como finanças, marketing, TI, RH, suprimentos entre outras são alinhadas horizontalmente e se reportam à direção da empresa. Existem dois tipos principais de construção de equipes de projeto nas estruturas funcionais: função única e multifuncional ou força-tarefa.

Equipe de função única

A figura 4 se refere a projetos implementados por uma equipe de profissionais de uma única área funcional. Nesse caso, o gerente funcional atua também como gerente de projeto. Esse tipo de projeto, dentro de uma estrutura funcional, se chama função única. Por exemplo: um programa de pesquisa sobre determinados hábitos de uma família de consumidores visando ao pré-lançamento de uma linha de produto deve ser realizado dentro do departamento de desenvolvimento de produtos, justamente pela disponibilidade dos recursos físicos, processuais e pessoais.

Figura 4
Estrutura de projeto de única função no desenvolvimento de produto

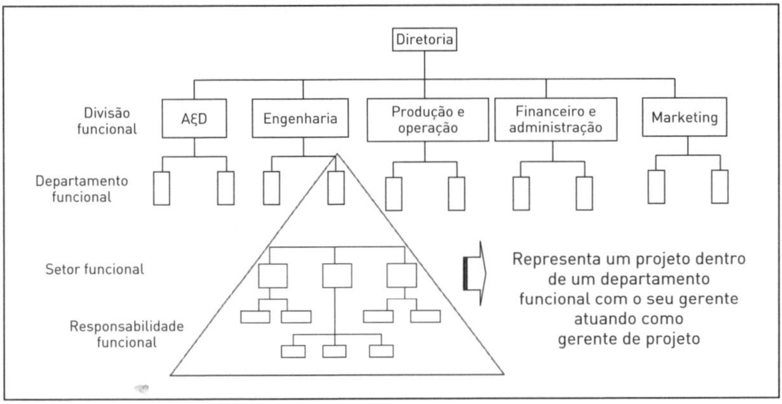

Fonte: baseada em Verma (1995:149).

Nesse exemplo, a equipe pode desenvolver a maior parte das atividades do projeto, como a criação e validação do questionário, levantamento das características da amostra a ser pesquisada e local teste, supervisão da aplicação da pesquisa, contratação das empresas de apoio, análise de resultados, acompanhamento dos tratamentos estatísticos e deliberação sobre as conclusões, como ferramenta estratégica de marketing.

Em grandes organizações, esse modelo de realização do projeto dentro de áreas funcionais pode atingir centenas de equipes dentro de seus respectivos departamentos por toda a organização.

Equipe multifuncional ou força-tarefa

Outro modelo de desenvolver projetos na estrutura funcional envolve a criação de equipes de projetos multifuncionais, ou seja, constituídas por profissionais de várias áreas funcionais, com um gerente funcional de uma área específica atuando também como gerente de projeto. Um exemplo pode ser a implantação de programas de qualidade, como a ISO 9001 (ABNT, 2008), ou ainda um desenvolvimento de sistemas de gestão integrada de processos em que profissionais de várias áreas funcionais atuam também no projeto em tempo parcial. Esse modelo encontra-se esquematizado na figura 5.

Figura 5
Força-tarefa multifuncional de projeto dentro de uma estrutura funcional

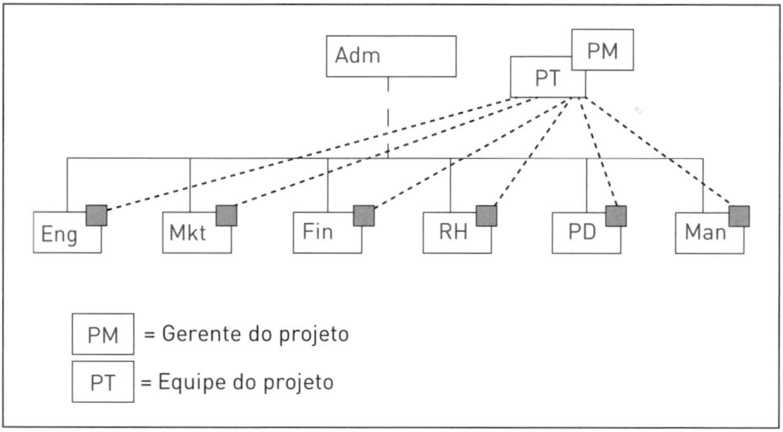

Fonte: baseada em Nicholas e Steyn (2008).

Outro exemplo da aplicação de equipes de projeto multifuncionais é o caso de desenvolvimento de novos produtos, em que seus membros se entrelaçam em ações integradoras entre projetistas, engenheiros, pessoal de marketing, de manufatura, de custos, do jurídico, da logística entre outras áreas funcionais.

Como vantagem, esse modelo é capaz de reduzir as barreiras em decorrência das interações das áreas funcionais podendo ampliar a qualidade e reduzindo o custo dos produtos ou serviços.

As equipes multifuncionais podem ser alocadas em uma área de alta relevância para o projeto a ser desenvolvido ou na alta direção da organização, em função de seu escopo. Esse aspecto pode, mesmo que não formalmente, denotar às áreas funcionais certa autoridade das equipes multifuncionais sobre os recursos do projeto na realização de suas tarefas.

Nas equipes multifuncionais, o GP formalmente atua também em uma área funcional específica, sendo que parte de sua equipe de projetos é formada por profissionais provenientes de outras áreas funcionais, em regime parcial. No entanto, esses profissionais que atuam no projeto em tempo parcial se reportam formalmente às suas respectivas gerências funcionais e, como decorrência, a autoridade do gerente de projetos sobre a equipe, bem como sobre os demais recursos cedidos para o projeto e provenientes das áreas funcionais, é de natureza parcial.

Portanto, o GP, dentro de uma estrutura funcional "está" gerente de projeto e não "é" gerente de projeto, na sua plenitude quanto à autoridade sobre os recursos das demais áreas funcionais necessários para a realização dos projetos (Raj et al., 2010).

Estruturas e projetos puros ou puramente projetizadas

A complexidade de alguns projetos, com alto comprometimento de recursos e precisão de resultados, requer uma forma de se organizar denominada "projetizada" ou "de projeto puro". A estrutura projetizada deve ser constituída como uma unidade separada, como uma nova empresa criada especificamente para alcançar as metas estabelecidas pelo projeto (Nicholas e Steyn, 2008).

Assim, de forma prioritária deverão ser alocados os recursos físicos e humanos necessários para suportar a operação e que permitam agilidade e flexibilidade nas respostas às mudanças do ambiente organizacional, do mercado e das estratégias da própria organização mãe onde a estrutura projetizada está inserida.

As estruturas projetizadas são comandadas por um GP, que possui plena autoridade e controle sobre as pessoas e recursos físicos inerentes ao projeto. Possui também a autoridade para a contratação dos recursos planejados e necessários para a execução dos objetivos estabelecidos. Tais recursos podem ser tanto contratados ou alocados das áreas funcionais bem como do ambiente externo por meio de subcontratados e fornecedores. Essa estrutura está esquematizada na figura 6.

Figura 6
Estrutura de projeto puro ou puramente projetizada com os recursos alocados para cada projeto

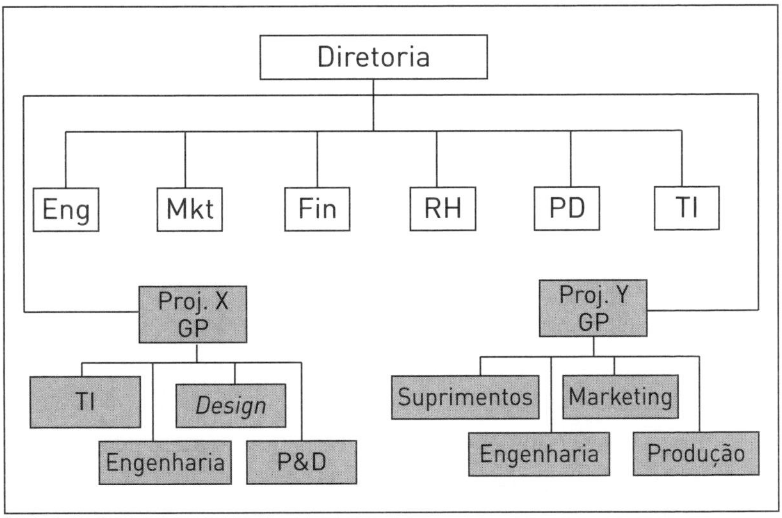

Fonte: baseada em Nicholas e Steyn (2008).

Durante a preparação da proposta de trabalho, a gerência de cada projeto solicita as informações das áreas funcionais envolvidas, concilia essas informações, prepara o orçamento preliminar e o cronograma estimado. Uma vez aceita a proposta de trabalho pelos envolvidos, a gerência de projeto puro aloca os recursos financeiros contratados no orçamento revisado, inicia o processo de captação e seleção da equipe, a contratação dos recursos. Esses recursos são então alocados para o desenvolvimento das atividades, cabendo ainda à gerência de projetos analisar e aprovar todas as eventuais modificações necessárias no planejamento e execução.

Sempre que necessário algum empréstimo de pessoas e recursos físicos de outras áreas funcionais, a gerência de projetos é que deve negociar esses recursos com os responsáveis funcionais. No caso de esses recursos materiais e humanos não estarem disponíveis internamente, a gerência de projetos deverá buscar, negociar e contratar os fornecedores pertinentes. Além disso, essa gerência deve realizar a supervisão e coordenação do trabalho de todo o projeto, considerando ainda as eventuais interfaces com outros projetos integrados ao seu escopo.

Existem algumas desvantagens da organização de projeto puro. A mais importante refere-se ao seu custo para a organização em que o projeto está inserido, pois a estrutura de projeto puro é criada para atuar completamente ou quase independente da organização. Essa estrutura deve contemplar todo ou quase todo o pessoal e recursos necessários às atividades, de forma a compartilhar com a organização somente uma pequena parcela dos recursos e, com isso, muitas vezes pode haver duplicação dos esforços e incremento nos custos fixos da estrutura.

Outro aspecto relevante é que a estrutura de projeto puro deve ser organizada e estruturada muitas vezes antes da assinatura do contrato dos serviços que se propõe realizar, o que é muito comum em construção de obras de grande porte – necessitam contratar uma grande parte da equipe e adquirir os recursos necessários antecipadamente, onerando o orçamento.

Além do risco envolvido na possibilidade de que o contrato não seja assinado, ou sofra profundas alterações no escopo original, esses investimentos antecipados acabam acarretando custos financeiros ao projeto.

Outro problema que pode ocorrer nesse tipo de estrutura se refere às perspectivas de futuro profissional da equipe lotada na estrutura de projeto puro. Nas atividades funcionais nas organizações, normalmente as pessoas buscam ampliar seus conhecimentos e habilidades, por meio de cursos e treinamentos, visando a uma perspectiva melhor de carreira e aos benefícios decorrentes. Já na estrutura de projeto puro, pela sua característica de ser criada exclusivamente para realizar um determinado projeto e normalmente desativada após a concretização de todas as etapas do mesmo, há uma ausência de perspectiva nos seus integrantes. Isso se dá porque eles não estão seguros da continuidade da equipe, de seu aproveitamento em outras áreas ou novos projetos da organização e, portanto, na evolução de sua carreira, o que compromete a motivação, o moral, o engajamento e a produtividade dos integrantes do projeto puro – tanto mais quanto mais próximo este estiver de sua conclusão.

Por outro lado, muitos desses profissionais contratados externamente já conhecem esses aspectos, alguns vivenciaram essa característica da falta de perspectiva e procuram sempre aprimorar seus conhecimentos e habilidades de forma a ampliar as oportunidades de sua recolocação no mercado, muitas vezes em mesmas bases de contrato por prazo determinado, gerenciando a própria carreira. Entretanto, a busca de uma futura recolocação pode se iniciar, algumas vezes, no começo de um projeto, demandando parte do tempo e atenção desses profissionais, que até podem abandonar o próprio projeto em face de alguma melhor oportunidade que apareça neste ínterim.

Ainda outro aspecto importante a se considerar é o fato de que também uma parte do pessoal alocado no projeto é retirada das próprias áreas funcionais da organização em que ele está inserido, para uma dedicação exclusiva ao empreendimento. Ainda ressaltamos que, como os projetos são normalmente de natureza temporária, esse fato pode comprometer a continuidade da carreira desses profissionais, limitada ao prazo do projeto e que, portanto, não assegura a recolocação total ou parcial dos membros da equipe após seu término. Este é um dos grandes desafios para o gerente de projetos projetizados. A busca por novos projetos similares ou ampliação dos contratos dos projetos em andamento passa a ser uma alternativa no sentido de oferecer às equipes de projeto puro uma perspectiva de continuidade laboral dentro de um plano de carreira na organização, minimizando os efeitos negativos mencionados.

Projetos como os de arquitetura e construção de edificações em geral, estradas, pontes ou ainda desenvolvimento de novos produtos ou serviços, como softwares, são exemplos de muitas atividades organizadas de forma projetizada em múltiplos projetos. Mais recentemente, buscaram-se alternativas com vistas a aproveitar o desenvolvimento de competências das áreas funcionais e, concomitantemente, a aplicação das melhores práticas de gerenciamento de projetos, de forma a se trabalhar com compartilhamento de recursos entre diferentes áreas de uma empresa, denominada estrutura matricial ou matriz.

Estrutura matricial

A estrutura organizacional denominada matricial ou em matriz foi inicialmente introduzida pela Boeing e Lockheed-Martin, da indústria aeroespacial. A organização em matriz é delimitada por uma estrutura em grade, com o cruzamento de autoridade e relacionamentos, criada por uma superposição das organizações de projetos tradicionais com as estruturas funcionais da organização. Esta superposição capacita a matriz de três formas:

- As áreas funcionais fornecem um conjunto de capacidades e especialidades técnicas bem como recursos físicos de sua competência e estrutura, necessários ao projeto. Cada gerência dos projetos cria uma estrutura para negociar com as gerências funcionais no sentido de tomar por empréstimo esses recursos físicos e de especialidades das áreas funcionais. Como cada projeto é formado por uma equipe de pessoas engajadas nas atividades durante suas diversas fases, os mesmos recursos poderão ser compartilhados entre os vários tipos de projeto em andamento em tempo parcial, reduzindo o efeito de duplicação de esforços que acontece na organização de projeto puro.

- Este sistema matricial permite que o pessoal das áreas funcionais se relacione nas atividades de suas especialidades, possibilitando uma ampliação das competências necessárias para o bom andamento do projeto, inclusive ampliando a possibilidade da atualização ou criação de novos conhecimentos e técnicas operacionais, o que contribui para a eficácia das interações entre as pessoas e dos processos em uma estrutura matricial, nas respostas aos seus desafios e no seu desempenho como um todo.
- À medida que as atividades são concluídas ou o projeto é finalizado, as pessoas nele alocadas retornam a suas atividades funcionais, com isso diminuindo o impacto da ansiedade e melhorando o moral desses profissionais. A figura 7 apresenta a representação de uma estrutura matricial, com compartilhamento de recursos humanos e físicos entre as áreas funcionais e os diversos projetos da organização.

O primeiro desafio do gerente de projetos com estrutura matricial é a integração. Normalmente, o gerente de projetos na matriz ocupa o mesmo nível hierárquico que os gerentes funcionais, sendo que estes últimos devem fornecer os conhecimentos técnicos e suporte das especialidades das áreas funcionais. O gerente de projetos na matriz deve, então, integrar os esforços das diversas áreas funcionais para atingir as metas do projeto.

Figura 7
Estrutura matricial com recursos compartilhados

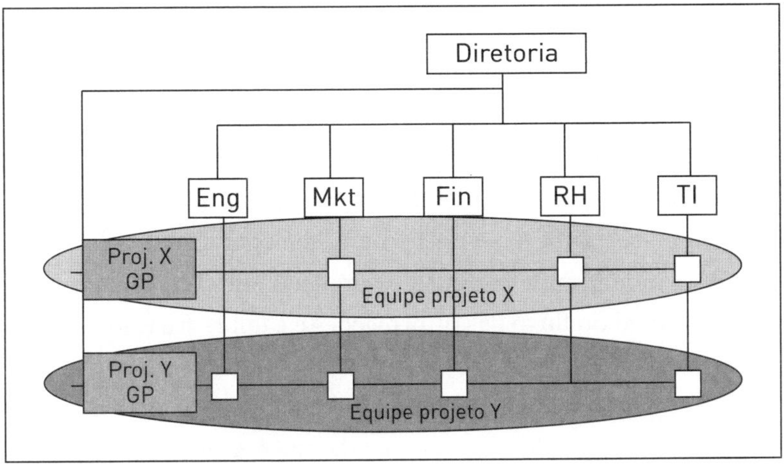

Fonte: baseada em Nicholas e Steyn (2008).

Assim, a estrutura em matriz possui a parte positiva do projeto projetizado que é a alocação e dedicação exclusiva dos recursos com a devida priorização para a consecução do objetivo do projeto.

Existe uma tipologia do PMI (2017) que diferencia as estruturas matriciais em três configurações: forte, fraca e balanceada.

Numa organização em matriz forte, o GP tem autoridade para gerir os recursos necessários, dedicando-se exclusivamente a um ou mais projetos. Na organização matricial fraca, os projetos são gerenciados por coordenadores que não necessariamente ficam alocados em tempo integral no projeto, não possuem a experiência de um GP e desempenham seus papéis respectivos em ambas as áreas: funcional e de projetos. Esse coordenador possui baixa autoridade na equipe de projetos e limitação na gestão dos respectivos fundos e demais recursos, bem como não possui responsabilidade orçamentária. Na estrutura matricial balanceada, os gerentes de projetos são bastante experientes, mas possuem limitação na gestão dos recursos e sobre o orçamento como ocorre com o gerente na matriz fraca.

Como dissemos no início, a organização em matriz é adequada à configuração de multiprojetos, com suas especificidades de atributos e decorrentes recursos cujos balanceamento e compartilhamento deverão ser estabelecidos e priorizados por um gerente de projetos ou uma diretoria da organização.

A matriz não consiste somente em mais um tipo de estrutura organizacional, mas em uma nova forma de se trabalhar em que, para obter-se êxito, é necessário um eficiente sistema de informações e uma grande habilidade gerencial que atenda à natureza bidimensional do fluxo das informações e à dupla atuação dos seus relacionamentos.

Muitas organizações que tentaram implantar o sistema matricial encontraram dificuldades em face da orientação hierárquica de comando vertical enraizada nas pessoas, em antagonismo com as relações horizontais e laterais, com a descentralização das tomadas de decisões inerentes ao modelo matricial. Assim, um novo sistema de processamento de distribuição das informações e controle nos sentidos laterais e horizontais deve ser incluído nas estruturas verticais para operarem como matriz.

Em relação às pessoas envolvidas na estrutura matricial, o maior problema é que sua forma bidimensional pode gerar conflitos na cadeia de comando entre as gerências de projeto e as gerências funcionais. Afinal, muitos dos recursos físicos e humanos necessários deverão ser objeto de negociação entre as áreas nessas duas dimensões, pois as mesmas possuem seus específicos objetivos, prioridades e especificidades operacionais dentro de um modelo de autoridade ambígua e dicotômica entre as gerências de projetos e as funcionais. Ainda, devido à mesma raiz de problema, podem ocorrer também conflitos entre as próprias gerências dos multiprojetos, decorrentes das específicas e respectivas prioridades e recursos necessários na execução das tarefas.

Constatamos, então, que a estrutura em matriz possui o benefício de operar com a realização concomitante das atividades de projetos e funcionais, o que lhe pode conferir uma situação ideal em relação aos benefícios dessas duas dimensões da organização, permitindo a alocação eficiente dos recursos. Entretanto, o maior desafio gerencial passa pela administração dos conflitos de prioridade e autoridade sobre os recursos, não só entre as áreas funcionais e os projetos, mas entre os vários projetos em andamento na organização.

Ainda, os membros da equipe de projetos, nessa estrutura de característica multidimensional, podem ter dois ou mais gestores. Assim, a estrutura matricial pode conflitar com os princípios de gerenciamento, de unicidade e nivelamento escalonado da cadeia de comando. Por exemplo, os gerentes de projetos avaliam os profissionais em relação à perspectiva dos projetos enquanto a gerência funcional os avalia pelo desempenho em sua função.

Para minimizar esta situação ambígua e até caótica, a organização como um todo deverá estabelecer, de forma bastante clara, algumas referências e princípios comuns, como valores e prioridades. Algumas empresas de sucesso na implantação da estrutura matricial, como a Boeing, estabelecem diariamente as prioridades das equipes de projetos e funcionais envolvendo os respectivos participantes, lastreadas pelos seus valores organizacionais. Toda a atenção a essas condutas deverá ser dada pela gerência ou diretoria dos projetos, no sentido de minimizar os conflitos de correntes das disputas por recursos e prioridades das áreas de projetos e funcionais entrelaçadas nas atividades de uma organização matricial.

A figura 8 apresenta as relações de autoridade sobre os recursos nos diversos tipos de estruturas organizacionais e variações explanadas. Verificamos que nos modelos projetizados e matriciais fortes é prioritária a autoridade sobre os recursos pelas gerências dos projetos e nas matrizes fracas e estruturas funcionais o sentido é inverso.

Figura 8
Tipos de estrutura organizacional × autoridade sobre os recursos

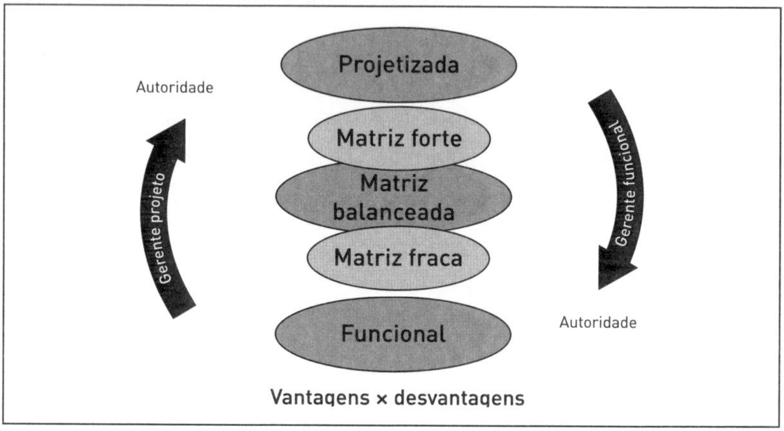

Fonte: adaptada de Raj et al. (2010:53).

Como vimos, o sistema matricial é mais apropriado para objetivos envolvendo vários projetos ocorrendo concomitantemente e podendo compartilhar os mesmos os recursos em base de tempo parcial das áreas funcionais.

Por outro lado, a estrutura de projeto puro é mais adequada quando estão envolvidos poucos projetos distintos, porém necessitando de muitos especialistas trabalhando em período integral e com uma total autoridade da gerência sobre o empreendimento. Ambas as alternativas são recomendadas para organizações focadas em projetos como sua competência e estratégia central.

Para projetos de pequeno porte, mas que envolvam muitas áreas funcionais, é mais adequada a estruturação de força-tarefa ou equipes para a mais apropriada, flexível e ágil interface com as áreas funcionais. No caso de projetos de curta duração envolvendo poucas áreas funcionais, a formação de forças-tarefa em tempo parcial e geridas por coordenadores de uma área funcional pode ser a alternativa adequada.

No caso de projetos de curta duração envolvendo muitas áreas funcionais, a criação de equipes multifuncionais geridas por um coordenador de projetos reportando-se a uma gerência geral pode ser a alternativa conveniente.

Pelas suas características, ressaltamos que as alternativas de modelos matriciais e de projeto puro são pouco usuais em organizações de pequeno porte, que não possuem, muitas vezes, recursos e estrutura para suportar essas alternativas.

Observamos ainda que a implantação dos diversos modelos apresentados pode depender da experiência da organização e da gerência em relação ao histórico de utilização desses modelos. Assim, as alternativas mais complexas de organizações de projeto puros ou matriciais são utilizadas por empresas de maior porte e complexidade de operação da sua base de negócios.

Caro leitor, a seguir vamos sintetizar as principais vantagens e desvantagens na implementação de estruturas de projetos dentro dos diversos tipos de arquiteturas organizacionais apresentados no quadro 3.

Uma vez escolhida uma estrutura para a realização de um determinado projeto, cabe à gerência de recursos analisar e decidir sobre a origem dos mesmos.

Os recursos podem ser internos da organização realizadora dos projetos, de forma exclusiva para cada projeto como nas estruturas projetizadas ou compartilhadas em modelos matriciais ou multidisciplinares.

Finalizamos esse tema reforçando que as estruturas organizacionais a serem adotadas não deverão ser consideradas imutáveis, por conta de que as dificuldades, ambiguidades, conflitos sobre a utilização dos recursos podem levar a uma reorientação estrutural para adequar-se ao cenário de mudanças e ao ambiente de incertezas que marcam a contemporaneidade.

Quadro 3
Principais vantagens e desvantagens dos projetos por tipo de estrutura organizacional

Tipo de estrutura	Vantagens	Desvantagens
Funcional	Adequada para projetos em única área funcional.	Necessita de recursos das áreas funcionais. Equipe atua em tempo parcial.
	Envolve áreas especialistas quando é multidisciplinar.	
	Fácil implementação na estrutura funcional existente.	Baixa autoridade do GP sobre os recursos humanos e físicos pertencentes às áreas funcionais
Projetizada	Estrutura que contempla os recursos necessários e que devem ser disponibilizados.	Estrutura de implantação e manutenção mais custosa por conta de seus recursos.
	Autoridade do GP sobre todos os recursos humanos (equipe de projetos) e físicos.	Adequada para projetos de maior porte, duração e complexidade.
	Equipe própria podendo abranger várias áreas do conhecimento necessárias ao projeto.	Pode gerar insegurança por conta da necessidade de realocação dos membros da equipe no final de cada projeto.
	Formação mais rápida de um espírito de equipe com maior foco e motivação.	Ganho de conhecimento da equipe somente no específico projeto em que atua.
Matricial	Recursos são compartilhados entre as áreas funcionais e os projetos.	Difícil de ser implantada em razão da mudança organizacional.
	Gestores dos projetos e das áreas funcionais possuem autoridade sobre os recursos quando respectivamente alocados.	Resistência dos gestores funcionais (zona de conforto). Conflito de autoridade sobre os recursos (multichefias).
	Membros da equipe permanecem na área funcional respectiva quando o projeto encerra.	Dificuldade de clareza de papéis e responsabilidades. Necessidade de sistema de informação gerencial mais complexo.
	Membros da equipe têm ganho de conhecimento funcional e dos vários projetos de que participa.	Controles contábeis gerenciais tanto das áreas funcionais quanto de cada projeto (plano de contas).

Fonte: baseado em Nicholas e Steyn (2008).

* * *

No próximo capítulo, detalharemos os processos inter-relacionados do gerenciamento de recursos, considerando as demais áreas organizacionais, necessários para a preparação do plano de gerenciamento dos recursos do projeto.

3
O plano do gerenciamento dos recursos do projeto

Neste capítulo, vamos apresentar os elementos e as principais etapas a serem considerados para a realização do plano de gerenciamento dos recursos do projeto.

Conforme pudemos observar no conjunto de processos de gerenciamento de projetos apresentados na figura 3 do capítulo anterior, o plano de gerenciamento dos recursos do projeto depende de algumas entradas importantes, como: definição de escopo, para especificar os tipos de recursos; da qualidade, para identificar os principais requisitos dos recursos; e do cronograma, para determinar as quantidades de cada recurso previsto, conforme apresentado adiante.

O macroprocesso do plano de gerenciamento de recursos

A fase de planejamento dos recursos do projeto contempla duas importantes ações:

- planejar os recursos;
- estimar os recursos.

No entanto, antes de partirmos para o planejamento e posterior estimativa dos recursos, há a necessidade de definirmos o que será realizado com os recursos próprios do projeto, e sob a autoridade do gerente de projeto, e o que será obtido por meio de contratação de terceiros. Esse processo decisório é conhecido como *make or buy*, como veremos a seguir.

Decisões entre o *make or buy* quanto aos recursos dos projetos

É recomendável que os projetos priorizem, sempre que possível, os recursos humanos e físicos já existentes na organização (PMI, 2017).

Entretanto, ainda na fase de planejamento do projeto, há determinados momentos em que o gerenciamento de recursos necessita analisar e optar entre obter os recursos humanos e físicos internamente ou obtê-los externamente, em outras áreas da organização ou no mercado.

Essa decisão, conhecida como *make or buy*, pode aparecer em dois importantes momentos na vida dos projetos, os quais descrevemos na sequência.

A primeira decisão de *make or buy* de cada pacote de trabalho é feita pela área de gerenciamento de aquisições. Essa decisão deve ser feita antes do processo de identificar as atividades da área de gerenciamento do cronograma e, também, antes de estimar os recursos.

A área de gerenciamento de aquisições contempla a contratação de pacotes de trabalho, tanto fora da empresa executora do projeto quanto de seus setores internos nos casos de entregas mais complexas.

Vamos considerar, por exemplo, um projeto de um equipamento de automação bancária, em que se verificou que há um pacote de trabalho referente ao desenvolvimento do software necessário para acionar o dispensador de células monetárias. É um recurso não disponível na organização; então, a decisão para esse pacote é que seja integralmente contratado externamente ao ambiente do projeto, via gerenciamento de aquisições.

Cabe ao gerenciamento de recursos monitorar e controlar, junto à área de aquisições, a entrega desse pacote, contemplando o atendimento do prazo pactuado e a qualidade especificada.

Em um segundo momento, a decisão *make or buy* é tomada pela área de gerenciamento de recursos, que deixará explícita a relação dos recursos internos ao projeto para realizar as entregas previstas na EAP.

O gerenciamento de recursos deverá designar quais recursos ainda devem ser contratados pela área de gerenciamento de aquisições e quais serão obtidos para utilização no ambiente interno dos projetos.

No caso de recrutamento e seleção de pessoas externas à organização para a equipe de projetos, como pessoas físicas, a responsabilidade é do setor de RH da empresa, com forte apoio da área de gerenciamento de recursos, que define as competências necessárias e indica a contratação.

Vamos considerar, por exemplo, uma entrega de um projeto genérico que necessite de X horas de engenharia, Y horas de projetistas e Z horas de técnicos pertencentes à equipe de projetos, ou seja, do lado do *make*. No entanto, o gerenciamento de recursos constatou que o serviço dos projetistas não está disponível na organização. Poderá, então, optar por contratar esses projetistas via RH ou do lado do *buy*, obter esse recurso por meio de uma empresa de prestação de serviços de projetistas e, nesse caso, solicitar a contratação externa junto ao gerenciamento de aquisições. Após essas definições dos momentos de decisão entre o *make or buy*, passaremos para a fase de planejamento dos recursos do projeto.

Planejamento dos recursos

Para se desenvolver o planejamento dos recursos com base nos processos das áreas do conhecimento propostas pelo *Guia PMBOK®*, há a necessidade de que a estrutura analítica do projeto (EAP) seja preparada pelo gerenciamento de escopo do projeto, bem como de que as entregas tenham sido lançadas na linha do tempo pelo gerenciamento de cronograma visando "atingir as métricas do projeto" (PMI, 2017:314). Ainda para a determinação dos recursos na fase de planejamento, há a necessidade de se definir "o nível de recursos que serão necessários para alcançar e manter o nível definido da qualidade" (PMI, 2017:314) por meio do plano gerenciamento de qualidade do projeto.

Nessa fase de planejamento dos recursos, é importante também observar os principais *stakeholders* envolvidos, os requisitos dos recursos e eventuais ameaças e oportunidades que possam afetar os recursos considerados, com base na análise do plano de riscos do projeto.

Somente depois de tomadas essas providências na fase de planejamento do projeto é que será possível planejar os respectivos recursos.

Por quê? Porque é o conhecimento prévio da estruturação das entregas contempladas na EAP que permitirá a definição da composição dos recursos necessários a cada uma das entregas. Ou seja, a definição da natureza das entregas do projeto precede a definição de todos os tipos de recursos que serão necessários para poder realizá-las.

Esses recursos, como mencionamos, poderão ser tanto de natureza humana, relativos à equipe, quanto de natureza física, como máquinas, equipamentos, insumos entre outros, ou ainda eventuais serviços de terceiros definidos na segunda fase do *make or buy*, como vimos na seção anterior.

Por exemplo, para realizarmos a pintura de um muro, vamos precisar de pintores, auxiliares de pintura, massa corrida, tinta, rolos, pincéis, lixas, solventes etc.

Estimativa dos recursos

Para completar a estimativa, falta ainda sabermos quanto de cada tipo de recurso necessitaremos para podermos realizar as entregas previstas no escopo do projeto.

Para isso, necessitaremos da estimativa de prazo, ou seja, de duração de cada entrega, presente na linha de base do escopo, sem a qual não poderemos realizar o dimensionamento dos recursos de cada entrega constante da EAP.

A estimativa da composição e dimensionamento de cada recurso depende, também, do escopo e do plano de qualidade específicos de cada projeto, bem como da experiência prévia da gerência e respectiva equipe em projetos similares anteriores, opinião de especialistas e lições aprendidas disponíveis na organização.

Uma vez obtidas, essas estimativas poderão ser lançadas e controladas por meio de planilhas, usando, por exemplo, ferramentas como o Excel® ou o MS Project®, entre outras.

Principais processos para obtenção dos recursos

Alicerçado no que abordamos em relação à estimativa dos recursos humanos, ressaltamos que quanto maior o prazo para a realização de uma entrega, menor será a quantidade de cada tipo de recurso de mão de obra previsto, e o inverso também é fato, ou seja, se o prazo for mais exíguo, necessitaremos de mais quantidade de cada recurso humano previsto.

Em alguns casos, é possível que ocorra também alteração dos recursos físicos, pela mudança do cronograma original. Isso pode acontecer quando os recursos físicos não são linearmente divisíveis e passíveis de perecibilidade. Um exemplo em que uma mudança de cronograma pode acarretar um desbalanceamento na utilização de recursos perecíveis pode ocorrer quando da aquisição e uso desses recursos em "embalagens" padronizadas e indivisíveis, como as caçambas dos caminhões de concreto que precisam ser utilizadas no dia exato de seu preparo. Ou seja, a mudança de prazos pode gerar sobras não previstas do concreto, que serão descartadas, uma vez que os recursos humanos para a concretagem também podem sofrer um redimensionamento não linear. Assim como não podemos considerar fração de pessoas, isso pode ocorrer com materiais adquiridos por quilômetro, por tonelada, por caçamba, por barril etc., se sujeitos à perecibilidade, como algumas resinas, tintas especiais, colas, entre outros.

Com base nas definições do escopo e cronograma (linha de base), poderemos planejar os tipos de recursos e estimar as respectivas quantidades, permitindo que se elabore uma estrutura analítica dos recursos (EAR) do projeto.

Estrutura analítica dos recursos (EAR)

A figura 9 apresenta um determinado projeto, com suas fases e as atividades de um determinado pacote de trabalho referente à entrega do subproduto A.

Cada caixinha referente às atividades mostradas na figura 9 contempla um conjunto com os tipos de recursos previstos para sua realização.

No entanto, antes da realização do cronograma, todas as caixinhas estão do mesmo tamanho, ou seja, não podemos, só com essas informações, estimar a quantidade de cada recurso previsto.

Figura 9
Distribuição por atividades das necessidades de recursos do projeto

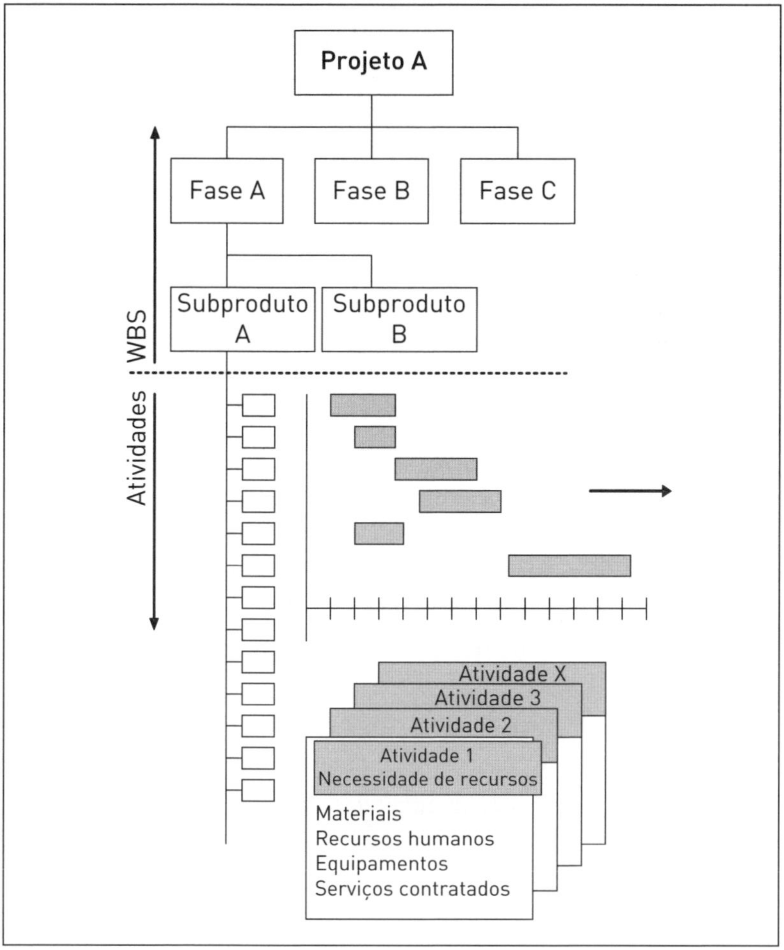

Fonte: baseada em Barbosa et al. (2014).

Nessa mesma figura, à sua direita, podemos observar agora que cada caixinha de recursos das atividades foi lançada na linha temporal, portanto, já foram estabelecidas pelo gerenciamento de cronograma as prioridades, interdependências entre as atividades, incluindo aquelas com entregas mais críticas. Por essa razão, estão deslocadas em relação ao início do projeto e com tamanhos diferentes representando sua estimativa de duração.

Desse modo, com as informações apresentadas, poderemos elaborar uma EAR do projeto, como ilustrado na figura 10.

Figura 10
Exemplo de estrutura analítica de recursos (EAR)

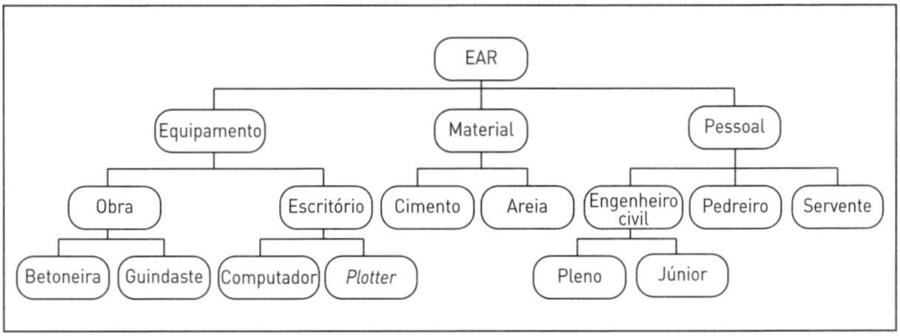

A EAR é uma estrutura hierárquica similar à EAP, usada para visualizar os recursos necessários ao projeto.

O PMI (2017:316) define a estrutura analítica dos recursos como:

> uma lista hierárquica dos recursos físicos organizada por categoria e tipo de recursos, usada para planejar, gerenciar e controlar o trabalho do projeto. Cada nível descendente (mais baixo) representa uma descrição cada vez mais detalhada do recurso, até que a informação seja suficientemente pequena para uso em conjunto com a estrutura analítica do projeto (EAP) para permitir o planejamento, monitoramento e controle do projeto.

Cada atividade deve ter uma lista com os recursos necessários para sua execução, o que pode ser feito no formato de tabela. As principais fontes para a determinação dos recursos são: histórico das atividades, experiências prévias do corpo técnico em projetos similares, documento de lições aprendidas, áreas funcionais técnicas da organização e *brainstorm* com a equipe de projetos e *experts* nas respectivas áreas do conhecimento.

Entretanto, nesse momento ainda não sabemos se os recursos apurados existem na organização e, caso existam, quais serão alocados no projeto.

Composição e dimensionamento dos recursos

Na fase de planejamento do projeto, precisamos não só determinar a composição dos tipos de recursos, mas também avaliar seu dimensionamento, ou seja, quanto de cada recurso será necessário para a realização das entregas previstas na EAP.

Para exemplificarmos, segue, na tabela 1, um exemplo de composição e dimensionamento dos tipos de recursos, lançados na linha do tempo, com base no gerenciamento de cronograma encaminhado para o gerenciamento de recursos.

Tabela 1
Tipos de recursos na linha do tempo

Tipo de recurso	J	F	M	A	M	J	J	A
Engenheiros (h)	57	34	56	23	11	12	10	3
Técnicos (h)	23	24	21	26	24	21	26	27
Gerente de projeto (h)	10	11	13	10	12	12	12	14
Computadores (h)	98	96	78	87	98	98	78	65
Plotters (h)	7	8	6	7	8	9	9	9
Toner (unid.)	3	5	4	2	3	4	5	3
Papel (500 fls.)	6	7	5	6	8	7	6	7
Serviços de terceiros ($)	34	32	34	32	34	32	34	32

A tabela 1 é um exemplo de levantamento realizado mês a mês, para todos os tipos de recursos com base no escopo de cada atividade e na quantidade de recursos necessários, a partir do cronograma, para cada um dos meses do projeto. Esse levantamento em tabela permite a obtenção do filtro dos recursos mensais das atividades do projeto e, ainda, por tipo de recurso, seu dimensionamento ao longo da vida do projeto.

Uma vez determinada a composição dos recursos e realizado seu dimensionamento, essas informações deverão ser encaminhadas para o gerenciamento de cronograma preparar a estimativa dos custos para a execução de cada atividade presente na EAR.

Segue, na tabela 2, um exemplo referente a uma atividade de teste de um projeto de desenvolvimento de software.

Tabela 2
Exemplo de composição e dimensionamento de recursos de uma atividade

Exemplo de tipos e quantidades dos recursos para uma atividade de teste de um *software*			
Tipo de recurso	**Custo unitário**	**Dimensionamento do recurso (tempo)**	**Custo da atividade**
Analista de sistemas	R$ 100,00/hora	100 horas	R$ 10.000,00
Operador	R$ 75,00/hora	40 horas	R$ 3.000,00
Locação de equipamentos	R$ 2.500,00/mês	2 meses	R$ 5.000,00
Serviços de terceiros	R$ 20.000,00	-	R$ 20.000,00
Estimativa total dos recursos da atividade			**R$ 38.000,00**

Vejam que na tabela 2 está contemplada a composição de todos os tipos de recursos – físicos, incluindo a locação de equipamentos como *notebook*, *plotter*, servidor etc., serviços de terceiros, bem como os recursos humanos por meio de analistas e operadores da equipe de projetos – envolvidos na atividade.

Cabe ressaltar que as informações referentes à locação de equipamentos e serviços de terceiros são obtidas via gerenciamento das aquisições, e os valores/hora dos recursos da equipe de projetos são normalmente obtidos na área de recursos humanos da organização.

O detalhamento da construção do orçamento certamente deverá ser tratado pela área de gerenciamento de custos, o que não é o propósito desta obra. O objetivo é verificarmos a interdependência das diversas áreas do conhecimento, como proposto no *PMBOK*®, com o gerenciamento de recursos dos projetos.

Na seção seguinte, vamos abordar os principais requisitos do lado do *make*, com foco nos recursos humanos, ou seja, na equipe do projeto.

Requisitos dos recursos

O desafio nessa fase do planejamento se prende à determinação de qual tipo e quantidade de recursos, em especial os humanos, serão necessários.

E, para tal, devemos observar alguns aspectos determinantes ao processo seletivo, também abordados por Raj et al. (2010):

- a seleção de pessoas se faz com base em sua afinidade técnica comprovada com segmentos do projeto, sua competência, experiência, dedicação, comunicação, personalidade e outros atributos;
- os aspectos acima são as melhores formas de conhecer as pessoas, suas potencialidades e suas limitações;
- a consideração dos itens anteriores possibilita assegurar o atendimento do critério da afinidade pessoal na seleção dos componentes do grupo e contribui para o processo do desenvolvimento da equipe.

Como já mencionado, reiteramos que os demais recursos – como prestadores de serviços, máquinas, equipamentos, insumos de natureza interna ou externa – deverão ser negociados internamente ou por meio da área de aquisições, como consta no *Guia PMBOK®* (PMI, 2017).

Políticas e práticas para obtenção de recursos humanos para a equipe de projetos

Em geral, as organizações possuem uma área funcional responsável pelas políticas de seus recursos humanos. Essas políticas, decorrentes normas e práticas devem ser consideradas um ativo organizacional de natureza corporativa.

Portanto, como tratado no capítulo 2, dificilmente a gerência dos projetos da organização exercerá algum tipo de influência sobre as políticas ditadas pela área de recursos humanos.

Por exemplo, dificilmente um GP poderá contratar algum profissional com um salário e benefícios em desacordo com a política de cargos e salários da organização. Ou, ainda, conseguir um reajuste salarial fora das bases determinadas pela organização e, muito menos, fora do que foi definido em acordo coletivo com o sindicato da categoria. Também não é comum a contratação de alguém para a equipe de projetos fora dos critérios do processo seletivo vigente na área de gestão de pessoas da organização.

Apresentamos, a seguir, alguns tópicos usuais dos processos seletivos e atribuições posteriores, de responsabilidade da área de gestão de pessoas (RH) nas organizações, a serem considerados pelo gerenciamento de recursos:

- orçamento da organização;
- processo de recrutamento e seleção;
- sistema de contratação (contrato de trabalho);

- programas de treinamento e desenvolvimento profissional;
- gestão e avaliação de desempenho;
- sistema de remuneração e benefícios;
- procedimentos de segurança dos profissionais;
- procedimentos de medicina e psicologia do trabalho;
- outras práticas operacionais de RH.

A seguir, apresentamos algumas técnicas usuais nos processos seletivos a cargo da área de gestão de pessoas, nas quais o gerenciamento de recursos, no papel do GP, deverá ter uma participação colaborativa, em especial, nos aspectos de conhecimentos técnicos e específicos necessários para o atendimento da vaga.

Técnicas usuais para obtenção dos recursos humanos

Existem várias técnicas utilizadas pela área de gestão de pessoas nas organizações, dependendo do tipo de complexidade da função e dos recursos disponíveis nessa área funcional nas organizações.

Entrevistas de seleção pela área de gestão de pessoas da organização (normalmente realizadas para uma primeira etapa seleção dos candidatos) são seguidas de:

- provas de conhecimentos gerais e específicos, com forte apoio do GP;
- testes psicológicos: inteligência/raciocínio, aptidão, personalidade;
- dinâmicas de grupo, podendo ser acompanhadas pelo GP;
- entrevista pela área solicitante, no caso pelo GP.

A figura 11 representa os aspectos mais relevantes a serem considerados no processo de seleção dos candidatos para a equipe de projetos.

Figura 11
Principais aspectos considerados na seleção dos candidatos

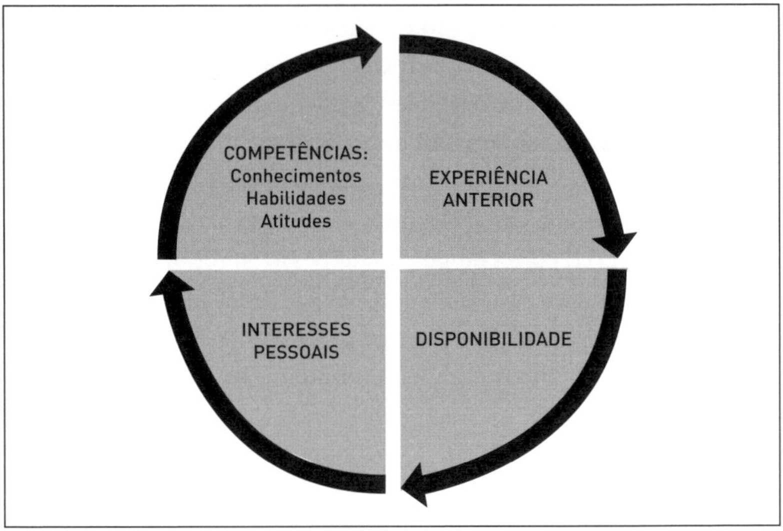

O primeiro quadrante à esquerda indica a necessidade do mapeamento prévio dos atributos de competências necessárias para exercer as atividades relacionadas ao projeto, ou seja, os conhecimentos ligados à formação profissional, as habilidades ligadas ao que o profissional sabe fazer com o que aprendeu em sua formação e características de natureza comportamental, traços de personalidade denominados atitudes.

Outro aspecto relevante está ligado à experiência prévia em tarefas similares àquelas necessárias nas respectivas funções dentro do projeto, representado no quadrante superior direito.

A disponibilidade, representada no quadrante inferior direito, deve ser verificada antecipadamente à contratação. Existem casos em que os profissionais estarão sujeitos a constantes viagens, ou necessitarão trabalhar com alguma frequência nos fins de semana e feriados, ou ainda a todo tempo para situações emergenciais características das atividades de manutenção predial, de máquinas e equipamentos.

Na atualidade, algumas organizações se valem de técnicas sofisticadas incluindo ambientes de realidade virtual, por exemplo, submetendo os candidatos a dinâmicas de jogos de negócios com vistas a simular, previamente à contratação, possíveis situações reais para análise do comportamento e ações dos mesmos nas simulações.

Há na literatura especializada uma grande quantidade de conceitos e noções distintas, porém complementares sobre o conceito de competências (Bitencourt, 2004).

Esses enfoques passam pelos aspectos da competência como apresentados por Appel e Bitencourt (2008:177) considerando a

> formação, comportamento, ação, resultado, aptidão, valores, interação, aprendizagem individual, perspectiva dinâmica e desempenho. Mesmo havendo uma diversidade de ênfases, percebe-se uma convergência no sentido de a competência buscar um desenvolvimento pessoal e profissional que leva a um melhor resultado.

Trata-se de um conceito em um processo dinâmico em construção como abordado por Le Boterf (2003).

De forma abrangente, competência com o foco profissional nas organizações pode ser definida como um conjunto de atributos de conhecimentos, habilidades e atitudes (CHA), já mencionados no capítulo 1, ligados à atividade laboral de uma pessoa e que se relacionam com o desempenho no trabalho. As competências também podem ser mensuradas quando comparadas com padrões estabelecidos (Fleury e Fleury, 2006).

Le Diest e Winterton (2005) reiteram ainda que as competências são de natureza fundamentalmente ligada a inteligência e personalidade, e que se apresentam como um conjunto de requisitos de saberes, conhecimentos, aptidões e habilidades capazes de produzir resultados e solucionar problemas (Santana, 2008); podem ser aprendidas e aprimoradas por meio de treinamentos.

A competência das pessoas está relacionada com o saber agir de maneira responsável, bem como mobilizar, integrar, transferir conhecimentos, recursos, habilidades que proporcionem valor social para os funcionários e, ao mesmo tempo, valor econômico à empresa (Ruas, 2008).

Dutra (2001) ressalta que as organizações e as pessoas trocam continuamente suas competências, quando a empresa disponibiliza para as pessoas seu patrimônio de conhecimentos e essas, em retorno à aprendizagem, desenvolvem e aplicam sua capacidade individual para o atendimento dos objetivos da organização.

É importante enfatizar que, no mapeamento dos atributos de competência (CHA), ou seja, o conhecimento obtido por meio das informações da formação profissional, das habilidades e da experiência dos candidatos, bem como suas principais características comportamentais, como organização, comunicação, liderança, resiliência, foco em resultados entre outras, devem ser discutidas e determinadas por um trabalho a quatro mãos entre a gerência de recursos e a área de RH da organização.

A ausência desse procedimento poderá ocasionar falhas no processo seletivo, pela indefinição ou falta de especificação dos atributos de competências, especialmente os de natureza técnica, pois o RH da organização muitas vezes não possui em seu corpo de profissionais o conhecimento específico técnico dentro do amplo espectro de atribuições profissionais de uma organização. Por conta desse fato, pode haver a ausência ou inadequação de testes de natureza técnica necessários para a vaga. Sendo assim, poderão faltar ou sobrar competências no candidato selecionado, o que, em ambos os casos, poderá redundar em prejuízo não só ao processo seletivo em si, mas, e principalmente, a todos os envolvidos – contratantes e contratados – e, afinal, em relação à obtenção do adequado recurso humano para o projeto.

Um exemplo desse fato ocorreu quando uma incorporadora iniciou um processo seletivo para uma obra envolvendo um condomínio de casas de alto padrão em um bairro nobre de uma importante cidade nacional.

Nesse bairro predominava, havia décadas, um reduto de origem germânica que lá se instalara em pequenas chácaras no passado. Com o posterior crescimento da cidade, o local transformou-se em um bairro de alto padrão, levando muitas incorporadoras a construir, nas antigas chácaras, condomínios fechados com casas de luxo.

Pela origem dos moradores originais, a incorporadora acabou contratando uma construtora multinacional alemã e outros fornecedores de origem internacional lotados localmente.

Portanto, no processo seletivo da incorporadora para o gerente administrativo do empreendimento havia, naturalmente, a exigência de que os candidatos tivessem um bom nível de conhecimento da língua inglesa e, se possível, o conhecimento da língua alemã, pela interface que faria com a construtora e outros fornecedores de origem internacional. O processo foi exitoso, com a contratação adequada do gerente administrativo.

Passado algum tempo, a mesma incorporadora iniciou outro empreendimento, cujo escopo era construir 150 casas populares na periferia da mesma cidade, em um bairro de classe operária, financiadas por meio de programas sociais do governo federal.

Nesse empreendimento, havia também a necessidade de contratar, por meio de um processo seletivo, um gerente administrativo.

Porém a gerência de recursos não analisou em conjunto com o RH os atributos de competências dos candidatos, e o RH, na ausência dessa análise de natureza mais específica, se valeu dos mesmos atributos de competência solicitados no caso do condomínio de alto padrão, constantes do banco de dados do RH.

Conclusão: foi exigido inglês fluente em uma obra popular, com fornecedores locais, quando não havia nenhuma necessidade desse requisito.

O profissional foi contratado, passou pela prova de língua inglesa e, passadas algumas semanas, foi questionar ao GP o porquê do inglês fluente.

O GP não soube responder, foi ao RH e o mesmo justificou que procurou no banco de dados função com o mesmo título – gerente administrativo de obra – e, na ausência de qualquer outra informação, usou a referência que possuía, solicitando os mesmos atributos do processo anterior.

Esse fato pode acarretar desmotivação do contratado por não utilizar de forma plena suas competências, contratação de mão de obra com custo acima do necessário, prejudicar a eficiência e eficácia do processo seletivo e, até, gerar uma percepção negativa da organização.

O inverso pode ser ainda mais problemático, ou seja, contratarmos profissionais – com base em informações de atributos de competências relativos a processos seletivos similares anteriores – que não possuam os requisitos necessários à função.

Por isso, apesar de trabalhosa, é imprescindível a análise prévia por parte da gerência de projeto e RH, visando ao adequado mapeamento das competências necessárias para prover os recursos humanos do projeto.

O quadro 4 apresenta um exemplo de algumas das principais informações que devem estar presentes no banco de dados da área de RH de uma construtora, relativas à função de comprador.

A verificação prévia do interesse pessoal dos candidatos nas atividades atinentes à vaga é imprescindível, pois há casos em que o candidato possui conhecimento e experiência em um tipo de atividade ou função mas não deseja mais trabalhar com essa atividade ou nessa função. O que se passa é que, na fase inicial de um processo seletivo, faz-se a análise do *curriculum vitae* dos candidatos, no qual deve constar, de forma explícita, a experiência profissional na atividade ou função, ainda que eles não tenham mais o interesse em nela atuar. Assim, se faz necessária a confirmação dos interesses e anseios profissionais dos candidatos durante as entrevistas habitualmente realizadas nos processos seletivos.

Quadro 4
Exemplo de descrição de função

Nome da empresa	
Área	Suprimentos
Função	Comprador
Superior imediato	Gerente de compras
Responsabilidades	
Controlar o processo de recebimento e liberação de notas fiscais, bem como auxiliar em todas as atividades ligadas ao processo de compra e desenvolvimento de fornecedores.	
Formação	
Graduado em administração de empresas ou áreas afins.	
Experiência	
Mínima de dois anos na área de compras para obras.	
Competências técnicas	
Informática: pacote Office e internet Técnicas de negociação	
Competências comportamentais	
Atenção concentrada, comunicação, iniciativa, organização, relacionamento interpessoal.	

É importante notar, nas competências comportamentais, atributos como comunicação e relacionamento interpessoal, uma vez que as atividades diárias inerentes ao cargo devem exigir do candidato interface com vários *stakeholders* da organização, tanto de natureza interna, como planejamento, vendas, financeiro, quanto de natureza externa, como no caso do desenvolvimento de fornecedores e relacionamento constante com vários deles.

Com base na conceituação teórica da competência e com a evolução das ferramentas informatizadas, algumas empresas especializadas em softwares para a área de gestão de pessoas das organizações desenvolveram programas integrados aos processos de gestão e avaliação de desempenho, levantamento de lacunas (*gaps*) de competência, treinamento e desenvolvimento profissional, gestão do conhecimento, entre outros, utilizados por organizações com um RH moderno e mais estruturado do ponto de vista estratégico.

Na seção seguinte, abordaremos como o processo de obtenção dos recursos humanos para a equipe de projetos, com base na gestão por competências, poderá ser realizado.

Contratação da equipe com bases na gestão por competências para o ambiente de projetos

A partir do mencionado processo de gestão baseado nas competências dos profissionais, realizamos uma adaptação de sua forma generalizada para o ambiente de projetos e suas especificidades, apresentada no passo a passo que segue:

- com base nas atividades e/ou pacotes de trabalho da EAP do projeto, estabelecer as atribuições ideais de cada elemento que irá compor a equipe;
- lançar na linha do tempo a necessidade desses recursos humanos;
- realizar o mapeamento das competências necessárias a cada elemento para cumprir as entregas previstas das atividades citadas no primeiro item acima;
- após concluir o mapeamento de competências desse modelo no nível ideal (teórico), desenvolver o plano de recrutamento com base nas competências levantadas. Esse recrutamento poderá ser interno ou externo;

- selecionar os elementos da futura equipe que mais se aproximam do modelo ideal;
- levantar as lacunas ou *gaps* de competência, detectados na seleção, entre o candidato e o modelo ideal;
- estabelecer, junto com o RH, um plano de treinamento, visando ajustar as competências do contratado às competências ideais desejadas;
- proceder aos treinamentos necessários e possíveis para a equipe contratada, dentro de um plano de desenvolvimento que atenda às demandas do projeto;
- acompanhar a curva de aprendizagem nos treinamentos realizados, visando à sua aplicação competente nas respectivas atividades do projeto;
- estabelecer um plano de avaliação periódica de desempenho com base nas competências levantadas e, se procedente, incluir eventuais novas competências necessárias;
- nesse caso, retornar de forma contínua, a partir da determinação conjunta com o RH, os treinamentos necessários ao ajuste das novas competências como acima citado;
- se houver qualquer alteração no projeto que impacte significativamente as competências dos elementos da equipe de projetos, retornar ao item inicial acima, de preferência aproveitando o elemento contratado.

Essa adaptação do arcabouço de um programa de gestão por competências à realidade dos projetos permite que, já no processo seletivo, seja realizada uma avaliação do desempenho dos candidatos com base nas técnicas mencionadas anteriormente neste capítulo.

Esse fato antecipa o conhecimento prévio dos eventuais *gaps* de competências apurados, permitindo o planejamento dos treinamentos e demais ajustes para o alinhamento das competências, para uma atuação mais ágil nesse sentido junto à área de treinamento e desenvolvimento da organização.

Devemos lembrar que o projeto traz em si a característica de ser um empreendimento normalmente temporário e cuja duração limitada em relação às atividades das áreas funcionais não pode permitir aguardar os processos de avalição de desempenho, às vezes anuais, para a partir daí planejar os treinamentos necessários para os ajustes dos *gaps* de competência.

Ressaltamos que esses treinamentos devem fazer parte do plano de gerenciamento de recursos de forma explícita, destacando sua estimativa de custo e planejando com antecedência a ausência do profissional quando for o caso de treinamentos externos.

Finalizando, as categorias dos recursos incluem mão de obra, materiais, equipamentos e suprimentos, mas não se limitam a essas. Os tipos de recursos também "podem incluir o nível de habilidade, de graduação, certificações obrigatórias ou outras informações, conforme apropriado ao projeto" (PMI, 2017:326).

No modelo de plano de gerenciamento de recursos apresentado no apêndice desta obra, estão contemplados itens específicos para determinação e orçamento dos treinamentos específicos para os recursos humanos do projeto.

O plano de gerenciamento de recursos, uma vez concluído, deve ser utilizado nos processos seguintes de adquirir e monitorar os recursos, objeto do capítulo 5.

* * *

Ainda nesta fase de planejamento dos recursos, no capítulo seguinte vamos detalhar o plano de gerenciamento de pessoas do projeto, focando a equipe de projetos como recurso prioritário.

4
O gerenciamento de recursos humanos do projeto

Este capítulo vai focar a parte do gerenciamento de recursos relacionada às pessoas nos projetos e como estimar essa participação, políticas e práticas de RH e como são compostas as equipes. A parte humana em projetos é cada vez mais explorada como possível gargalo para a obtenção de resultados satisfatórios. A estimativa correta dos recursos humanos é um enorme desafio para o GP, pois esse ponto implica diretamente custos e prazos mais nivelados para o projeto.

Planejamento e estimativa dos recursos humanos

Planejar recursos humanos no projeto passa por estimar esses recursos para realizar o trabalho do projeto. Aqui aparece uma subjetividade que deve ser bem trabalhada pelo gerente do projeto e sua equipe, que vem a ser como estimar esses recursos.

Nas estimativas de recursos humanos, é importante saber que não existe uma ordem correta entre estimar o tempo de que os recursos humanos irão precisar para realizar a atividade e estimar o custo desses recursos nas atividades. O ideal é estimar primeiramente os recursos humanos para, então, aumentar a precisão dessa estimativa com algumas idas e vindas entre a estimativa da duração das atividades, dos custos das atividades e dos riscos, até calibrar a real necessidade usando ferramentas das áreas do conhecimento de gerenciamento de cronograma, gerenciamento de custos e gerenciamento de riscos.

Essas áreas do conhecimento possuem, portanto, grande influência na estimativa de recursos humanos, pois fatores como custos de HH (homem-hora) e disponibilidade de RH (recursos humanos) vão impactar diretamente as escolhas de membros da equipe. Também devem ser consideradas as premissas e restrições do termo de abertura do projeto, pois, havendo, por exemplo, um teto orçamentário a ser seguido (restrição), isso irá afetar o dimensionamento da força de trabalho, a qual deverá se adequada a esse requisito de limitação de custo. Nesse sentido, alguns riscos passíveis de acontecer no projeto, ao acontecer, podem aumentar em muito a necessidade de trabalho da equipe. Chuvas além do previsto, por exemplo, num projeto de obra civil, impactarão tarefas que não poderão ser realizadas e, desse modo, será necessário aumentar o esforço de mão de obra visando à recuperação desse tempo de inatividade, resultando em custos adicionais ao projeto. O registro dos riscos pode conter informações sobre as ameaças e oportunidades que podem afetar o planejamento de recursos humanos.

Estimativa *bottom-up*

Para realizar uma boa estimativa de recursos humanos, não se pode esquecer a decomposição da EAP realizada na área de gerenciamento de escopo. A estimativa *bottom-up* é uma ferramenta usada de forma ascendente, a partir da previsão de recursos humanos necessários nas atividades e depois consolidados em cada um dos pacotes de trabalho da EAP, buscando-se o controle desses recursos.

No planejamento de recursos humanos, a equipe do projeto deve possuir papéis e responsabilidades bem definidos, pois só assim conseguiremos ter estimativas mais adequadas e assertivas. No entanto, é importante ser observado o plano de gerenciamento da qualidade, que define o nível de recursos humanos necessário para atender ao nível definido pela qualidade e atingir assim suas métricas.

Se possível, nessa fase de planejamento de recursos humanos é importante a participação de todos os profissionais envolvidos com o projeto, para que se obtenham informações e conhecimentos, de forma a contribuir com estimativas mais próximas da realidade. Esse envolvimento pode gerar ainda, para o projeto, a criação de maior comprometimento dos recursos humanos.

Além das atividades de gerenciamento de projetos, o GP, segundo o *PMBOK®* (PMI, 2017), deve estar atento à formação de sua equipe a partir de características específicas relacionadas aos seguintes aspectos que aqui comentamos:

- ambiente da equipe – nas etapas de formação de uma equipe, aspectos do ambiente, no sentido de ambientação, estão diretamente relacionados a regras claras de papéis, responsabilidades e quanto cada um poderá contribuir com o outro visando ao bem global do projeto e, consequentemente, da organização. Não há mais espaço para feudos que não visam ao bem do todo;
- localização geográfica dos membros da equipe – estamos vivendo num mundo de transição entre os contatos virtuais e físicos. Cada vez mais, temos equipes em coeso *home office*, o que requer uma adaptação da forma de interação na busca por um trabalho em equipe;
- comunicação entre partes interessadas – a interação com as partes interessadas por parte daqueles que irão trabalhar no projeto deve criar, logo de cara, a empatia que facilitará em muito todo o lado de humanização das equipes perante todos os envolvidos;

- gerenciamento de mudanças organizacionais – essas mudanças podem impactar as equipes, pois é comum que, em mudanças organizacionais, as altas administrações tragam profissionais da sua confiança para o time no momento da mudança. A equipe do projeto, nesse contexto, deve estar atenta para rapidamente se revender, posicionando-se e gerando credibilidade nas informações de resultados dos projetos e assim criando a confiança necessária para se manter no time;
- política interna e externa – a formação da equipe pode passar, sim, por questões de políticas internas, baseadas em critérios da organização. No que tange à política externa, por exemplo, questões de restrições em editais para requisitos de formação de profissionais, disponibilidade etc. vão influenciar na formação das equipes de projetos;
- a estrutura analítica de projetos (EAP) – também será a base da escolha e formação do time do projeto, pois é em razão das atividades do cronograma que serão inseridos recursos conforme as necessidades de cada tipo de ação.

Ao final da formação da equipe, teremos de fato um time com regras de comportamento que permitam uma boa interação durante o projeto e um planejamento de horas de cada integrante ou de um *pool* em determinada função no calendário de recursos, usando a ferramenta denominada histograma, ilustrada na figura 12, visando ao nivelamento desses recursos no tempo.

No entanto, para realizar a distribuição dos recursos e efetuar seu nivelamento no tempo, definindo sua necessidade ao longo do projeto e buscando a melhor otimização, faz-se necessário estarem bem definidas as políticas e práticas do RH da organização, o que será abordado na próxima seção.

Figura 12
Exemplo de um histograma para nivelamento de recursos

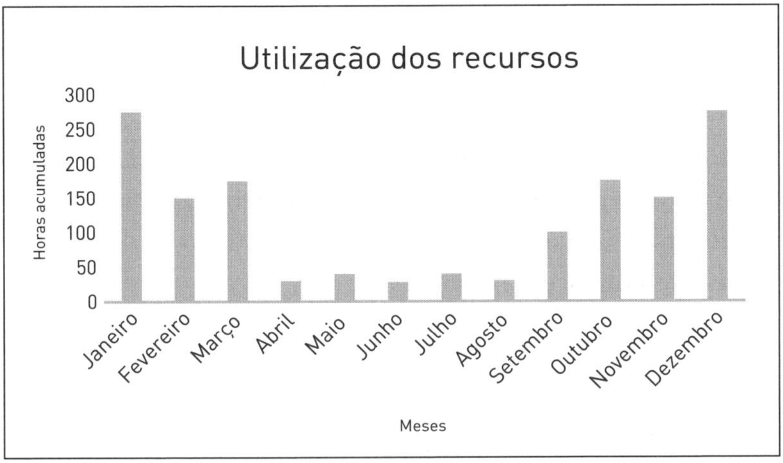

Políticas e práticas do RH da organização

A globalização de projetos promoveu a necessidade de equipes virtuais, que trabalham no mesmo projeto em locais diferentes, podendo isso ser estendido a localidades ao redor do mundo. A maior disponibilidade de tecnologias de comunicação, como videoconferências, *chats*, WhatsApp etc. proporciona a quebra do fator distância. Trabalhar com equipes virtuais pode gerar, para o GP e sua equipe, um conhecimento de relacionamento interpessoal de forma diferenciada, principalmente quando seus membros não estão na mesma localidade geográfica. Equipes virtuais também incluem pessoas com limitações de mobilidade ou outras deficiências que as impeçam de estar fisicamente no local de trabalho.

As políticas de RH também trouxeram o conceito de *colocation* para as empresas, que significa fazer com que pessoas se agrupem e possam dividir o mesmo espaço físico sem as tradicionais divisórias que separam profissionais ou grupos. Em projetos, tal modelo tem sido aplicado, trazendo como resultado uma interação maior das equipes, melhorando assim a comunicação.

Cada vez mais se usa também a famosa *war room*, sendo esse outro tipo de agrupamento de equipes. Esse tipo de reunião é muito usado em situações de crise nos projetos, quando decidir por um caminho ou por outro pode gerar discussões em busca da melhor solução. Nesse sentido, a busca de adequados recrutamento e seleção dos recursos humanos respeitando todas essas particularidades é o que a próxima seção irá abordar.

Recrutamento e seleção dos recursos humanos

A partir do momento no qual já planejamos e estimamos, em termos de necessidades, os recursos humanos, precisamos passar a recrutar e selecionar pessoas que se encaixem nesses perfis para designá-las para as atividades do projeto. Esse processo não é estático. E ele acontece periodicamente, pois ao longo do projeto e conforme suas necessidades os recursos humanos são recrutados/selecionados e alocados.

Os recursos humanos podem ser internos ou externos. Essa aquisição de fato acontece na execução, mas há uma equipe inicial que participa do planejamento do projeto e da definição desses profissionais que trabalharão nas atividades de execução.

Os recursos humanos internos são buscados junto aos gerentes funcionais no caso de uma estrutura matricial; sendo uma estrutura projetizada, os recursos serão alocados normalmente pelo gerente dessa estrutura em que os recursos estão disponíveis.

Sendo externos, para serem adquiridos pelo projeto, é necessário que a equipe de gerenciamento tenha total sinergia com a área de aquisições, já que esses recursos são de terceiros.

Independentemente de esses recursos humanos serem internos ou externos, alguns fatores devem ser considerados no processo de recrutamento e seleção.

- Disponibilidade – possui tempo?
- Capacidade – possui competência para fazer?
- Conhecimento – possui conhecimento sobre o segmento de negócio do cliente do projeto?
- Experiência – já realizou serviço similar?
- Habilidades – possui as habilidades requeridas para trabalhar no projeto?
- Interesse – há real vontade de trabalhar no projeto?
- Custo – qual o valor desse homem-hora?

No momento do recrutamento/seleção de recursos humanos, alguns fatores podem gerar riscos ao projeto, pela falta de controle da equipe de gerenciamento sobre esse processo de recrutamento e seleção, o que pode levar a não se ter exatamente os recursos humanos desejáveis. Seguem alguns exemplos:

- a empresa que foi contratada pode ter subcontratações de funcionários. Nesse caso, o contrato deve ser a forma de mitigar riscos da equipe de gerenciamento de projetos. O mesmo deve amarrar muito bem os requisitos de recursos necessários, sendo o mais objetivo possível nessa especificação;
- a área de recursos humanos da empresa pode ser centralizadora quando se fala de aquisições de pessoal próprio, dando pouca autonomia à equipe de gerenciamento do projeto no processo de escolha dos recursos humanos;
- a área de aquisições possui critérios próprios na escolha de fornecedores, havendo pouca interferência da equipe de gerenciamento do projeto;

- o projeto é executado numa estrutura matricial e os recursos humanos próprios estão se dividindo entre o projeto e suas atividades de rotina. Isso irá requerer muitas habilidades de negociação, pois sem esses recursos podem estar sendo afetados o cronograma e o orçamento do projeto.

Portanto, é fundamental que a equipe de gerenciamento do projeto tenha boa influência na organização e boas habilidades de negociação junto a gerentes funcionais, outros gerentes de projeto e fornecedores em geral, sempre tendo em vista a possibilidade de recursos alternativos aos então planejados e ainda que deixe registrado o impacto no projeto pela eventual falta de recursos humanos no momento em que forem necessários.

No entanto, há casos em que os profissionais são conhecidos antes de o projeto começar. Isso se chama "pré-designação". Essa situação pode ocorrer quando, por exemplo, o patrocinador do projeto designa algum profissional já no termo de abertura. Outro exemplo é quando um recurso humano na equipe terceirizada é um requisito do cliente para uma proposta comercial de um fornecedor.

Os membros da equipe podem ter vários tipos de competências, que reúnem conjuntos de habilidades, assunto da próxima seção.

Seleção por competências

Devemos sempre verificar exatamente o tipo de competência requerida nas atividades e não buscar pelo melhor recurso humano. Devemos focar naquele estritamente necessário para desempenhar a atividade, pois senão pagaremos mais caro no projeto por um recurso que está num patamar além do necessário.

Para isso, a equipe de gerenciamento do projeto deve conhecer muito bem os requisitos das atividades do cronograma, para que as habilidades dos integrantes da equipe sejam valorizadas, pois colocar as pessoas certas nas atividades certas irá fazer uma enorme diferença no resultado.

Outra questão importante é o efeito halo, que vem a ser a seleção de um profissional para um cargo de gestão de um projeto somente porque o mesmo é muito bom no campo técnico. Isso não deve ser feito, pois não necessariamente um bom técnico terá um perfil gerencial. Nesse sentido, muitas empresas hoje trabalham com o conceito de carreira em Y (figura 13), em que se busca a paridade de crescimento tanto no lado técnico quanto no lado gerencial, ou seja, na carreira em Y o profissional tem a opção de trilhar por um caminho diferente do gerencial, usando seus conhecimentos para progredir como especialista, não restando somente a opção de crescimento rumo a um cargo gerencial.

Figura 13
Carreira em Y

É necessário, ainda, definir as relações entre áreas da empresa envolvidas no projeto, considerando os fatores hierárquicos que serão abordados na próxima seção.

Organograma do projeto

O organograma básico de um projeto mostra as mais diversas relações hierárquicas entre os diversos integrantes da equipe, conforme podemos ver na figura 14.

Figura 14
Organograma de projeto

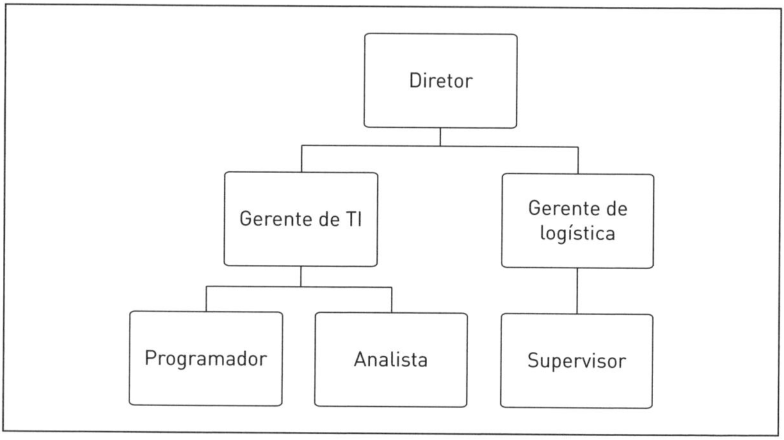

No entanto, se olharmos os atuais modelos de projetos voltados para metodologias ágeis, cada vez mais temos menor viés hierárquico e maior viés colaborativo, que o *PMBOK*® chama de equipes auto-organizáveis que funcionam sem um controle centralizado.

Já se estivermos falando de estrutura analítica organizacional, o modelo a ser apresentado é o da figura 15, com base nos departamentos que atuarão no projeto, com vinculação direta aos pacotes de trabalho da EAP. Ou seja, aquele pacote de trabalho terá integrantes da equipe vinculados aos citados departamentos.

É importante ter um documento no qual estejam registrados os acordos estabelecidos, com regras claras de comportamentos aceitáveis por parte dos membros, evitando-se, assim, eventuais conflitos, conforme descrito na sequência.

Figura 15

Organograma de projetos – estrutura analítica organizacional

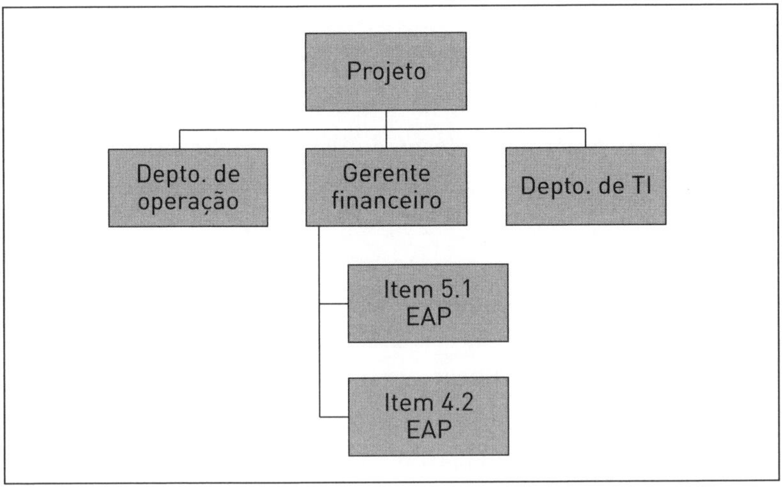

Composição da equipe de projetos

Após termos a equipe já composta, é preciso defini-la formalmente. O *PMBOK®* chama esse documento de "termo de nomeação da equipe".

O termo de nomeação da equipe pode incluir alguns tópicos básicos, como:

- valores da equipe – deixar claro os valores importantes para a equipe, por exemplo, assiduidade;
- diretrizes para comunicação – como a comunicação deve tramitar no projeto entre a equipe;
- critérios e processo para tomada de decisões – qual tipo de regra será estabelecido;
- processo para resolução de conflitos – diretriz para solução de conflitos;
- diretrizes para reuniões – regras de conduta em reuniões e regras para registro delas;

- acordos da equipe – acordos, de forma geral, estabelecidos entre integrantes.

Ao final, teremos a equipe definida, com regras claras e com critérios estabelecidos, de forma a nivelar o entendimento de todos os envolvidos no projeto. Resta, ainda, definir responsabilidades específicas. A próxima seção descreve a matriz de responsabilidades.

Matriz de responsabilidades

A matriz de responsabilidades é feita conforme o quadro 5 e tem como objetivo mostrar quais recursos estão atuando em cada pacote de trabalho e qual a responsabilidade de cada membro da equipe naquela entrega. Se houver interesse em maior detalhamento dessa delegação de responsabilidades e dependendo ainda do tamanho e complexidade do projeto, a matriz de responsabilidades pode ser feita a partir de atividades ou mesmo um mix das duas situações, ou seja, a matriz pode ser usada com pacotes de trabalho quando não exigir tanto detalhamento e outra parte com atividades quando for necessário acompanhamento mais amiúde do trabalho a ser delegado. O *Guia PMBOK*® (Project Management Body of Knowledge) (PMI, 2017), aponta a RACI como um modelo de matriz de responsabilidades a ser utilizada para as tarefas de um projeto.

A matriz de responsabilidades é usada para que os pacotes ou as atividades tenham bem definidos quem faz o quê, ou seja, é um mapa de ações com responsabilidades passadas para a equipe de forma bem objetiva. Assim, evita-se redundância de ações, disputa por fazer trabalho ou mesmo não fazer e conflitos de forma geral, pois a definição das responsabilidades faz com que todos trabalhem de forma complementar e integrada, criando sinergia voltada para um resultado final, uma vez que todos sabem onde cada um contribui e como o trabalho de um influencia o do outro.

Quadro 5
Matriz de responsabilidades

Organograma RACI	Pessoa				
Atividade	Ann	Ben	Carlos	Dina	Ed
Criar termo de abertura	A	R	I	I	I
Coletar os requisitos	I	A	R	C	C
Enviar solicitação de mudança	I	A	R	R	C
Desenvolver plano de teste	A	C	I	I	R

Fonte: *PMBOK® Guide* (PMI, 2017:317).

R = responsável pela execução; A = responsável pela aprovação;
C = aquele que é consultado; I = aquele que é informado.

No quadro 5, podemos observar que cada pessoa está associada às atividades ou pacotes onde ela atuará, e as letras R, A, C ou I sinalizam seu papel e responsabilidade nesses momentos específicos. O R como responsável pela execução da atividade, o A sendo responsável pela aprovação da atividade, o C somente sendo consultado para tirar eventuais dúvidas e dar direcionamento e o I sendo aquele que necessita ser informado do que está acontecendo nas atividades.

Nessa matriz, poderiam, em vez de pessoas, ser grupos ou mesmo um determinado papel, por exemplo, engenheiros (*pool*), departamentos, empresas etc. Esse preenchimento dependerá do nível de precisão que se deseja no processo de delegação. É importante ressaltar que cada linha da matriz, ou seja, em cada atividade ou pacote, só poderá haver uma pessoa responsável pela aprovação (A) evitando assim uma duplicidade que, na prática, só geraria confusão de mando frente à atribuição.

No que se refere a papéis, essa definição tem a ver com a designação que a pessoa da equipe tem no projeto, como: engenheiro, projetista, analista etc. No quesito autoridade é importante definir, para o papel, qual o nível de autoridade desse integrante da equipe. Exemplo: até quanto essa pessoa pode gastar com um determinado recurso sem pedir autorização? Em que situações ela pode decidir ou mesmo aprovar, por exemplo, uma entrega?

Outra questão associada à definição das responsabilidades na matriz são as competências de cada um dos integrantes da equipe, ou seja, é muito importante que, na definição de R, A, C e I, sejam levadas em consideração as habilidades e capacidades para desempenhar aquela função.

Podemos usar a matriz com a legenda que melhor se ajuste à condução dos trabalhos em seu projeto. O modelo RACI é só inspirador, mas cabe a adaptação que o gerente de projeto, em função do segmento em que atua, precise fazer. O importante é o entendimento de que a atribuição de responsabilidades é fator fundamental para o sucesso de um projeto e para condução adequada dos trabalhos em equipe, podendo ser usada também para controle de equipes internas e externas frente a suas tarefas.

Para que o leitor entenda melhor como a matriz de responsabilidades pode nos ajudar no dia a dia de um projeto, segue um exemplo: Você, como gerente do projeto, foi convocado para uma reunião de emergência pelo patrocinador e esse solicitou que você também convocasse para essa reunião as pessoas da equipe que estão vinculadas a uma determinada entrega. Assim, o gerente de projeto abre a matriz de responsabilidades e rapidamente as identifica bem como verifica qual é a responsabilidade de cada um. Fica claro então, que se não tivesse a matriz, seria difícil, num primeiro momento, saber esse tipo de detalhe de atribuições de cada membro da equipe, principalmente em projetos com muitas entregas.

No capítulo seguinte, exploraremos aspectos relacionados à execução do projeto, tais como o desenvolvimento da equipe e gestão de conhecimento.

Metodologias ágeis e sua influência em recursos humanos

Os *frameworks* ágeis surgiram em 2001, quando um grupo de 17 especialistas em processos de desenvolvimento de softwares se reuniu no estado de Utah, Estados Unidos, visando, em contraste com as práticas predominantes na época, trazer valor para seus clientes, por meio de abordagens leves e empíricas para projetos de desenvolvimento de software (Sabbagh, 2013). O resultado dessa reunião foi a criação da Aliança Ágil e o estabelecimento do "Manifesto Ágil" (Agile Manifesto). Os conceitos-chave do Manifesto Ágil são os seguintes:

- indivíduos e interações ao invés de processos e ferramentas;
- software executável ao invés de documentação;
- colaboração do cliente ao invés de negociação de contratos;
- respostas rápidas a mudanças ao invés de seguir planos.

A metodologia ágil dá ênfase à comunicação entre equipes, e um dos *frameworks* mais conhecidos é o *scrum*, que ficou famoso pela facilidade com que as pessoas podem tratar e resolver problemas complexos e adaptativos.

Nesse *framework*, existem três perfis importantes no que tange a recursos humanos. O *product owner* é o responsável por maximizar o valor do produto e do trabalho do time de desenvolvimento. Esse time de desenvolvimento é composto por profissionais que realizam o trabalho de desenvolvimento para entregar uma versão utilizável a cada *sprint* (um período de um mês ou menos, durante o qual uma parte do produto é criada). E temos ainda o *scrum master*, que é o responsável por garantir que todos tenham aderência às teorias, práticas e regras do *scrum*, além de atuar como um facilitador para o time de desenvolvimento (Alcântara, 2017).

* * *

Finalizando, este capítulo deu ênfase ao gerenciamento de recursos humanos e suas influências no projeto, além de apresentar formas de melhor dimensionar e tratar esses recursos visando a estimativas mais previsíveis.

No capítulo seguinte, abordaremos aspectos relacionados à execução do projeto, tais como o desenvolvimento da equipe e gestão de conhecimento.

5
A execução do gerenciamento de recursos

No capítulo 3, apresentamos as principais políticas e práticas visando ao planejamento para obter os recursos, com foco principal na parte mais complexa dos recursos, que são os humanos.

Ressaltamos a importância de uma efetiva parceria nessa atividade, não só com a área de aquisições no lado do *buy*, envolvendo os recursos externos, mas também no lado do *make*, em relação à obtenção de membros da equipe junto à área de recursos humanos da organização.

Considerando-se as etapas de construção previstas no *Guia PMBOK*®, uma vez finalizado o planejamento do gerenciamento dos recursos do projeto, passamos para a fase de execução desse gerenciamento.

Macroprocesso para o gerenciamento dos recursos humanos do projeto

Nessa etapa, o *Guia PMBOK*® contempla um conjunto de processos referentes ao gerenciamento de recursos humanos para a:

- obtenção dos recursos;
- desenvolvimento dos recursos;
- gerenciamento dos recursos.

Assim, nessa etapa de execução do gerenciamento dos recursos do projeto, a ênfase está na construção e desenvolvimento da equipe.

Portanto, a parceria com a área de recursos humanos da organização se faz mister no gerenciamento dos recursos em projetos e se inicia com um importante evento, que é a reunião de abertura do projeto, conhecida como *kick off meeting*.

Reunião de abertura do projeto (*kick off meeting*)

Essa reunião vem a ser o evento de abertura do projeto, como uma atividade recomendada na sua EAP, e que sugerimos considerar, sempre que disponíveis, os itens que seguem:

- abertura;
- objetivos e escopo do projeto;
- EAP do projeto;
- apresentação dos membros da equipe (papéis e responsabilidades);
- plano de comunicação e principais *stakeholders*;
- orçamento;
- cronograma;
- plano de qualidade;
- plano dos recursos e aquisição;
- riscos do projeto: identificação e análise;
- aprovações de documentos do projeto;
- identidade da equipe do projeto.

É importante ressaltar que nem sempre, nessa fase, disporemos de todas essas informações em sua forma definitiva, mas sugerimos que sejam apresentadas de modo preliminar para que a equipe de projetos inicial e outros *stakeholders* presentes na reunião de abertura comecem a construir uma visão sistêmica do projeto: envolvidos, processos, prioridades, parâmetros, metas e principais objetivos.

Com base nos itens listados, faremos algumas considerações de cunho prático com base em experiências que vivenciamos em reuniões dessa natureza.

Inicialmente, o convite para algum membro da futura equipe para a reunião de abertura deve ser feito de maneira formal, dando ênfase à importância do evento, do projeto e, principalmente, do convidado.

Se o convite for realizado com certa informalidade, não passando ao convidado os pontos aqui apresentados, é possível ouvir frases como: “mais uma coisa para eu fazer, como se não bastassem as minhas atuais tarefas...”. Essa situação pode gerar uma atitude negativa do membro da equipe convidado em relação a sua participação como recursos do projeto.

Outra recomendação que fazemos em relação à reunião de abertura se refere a alguns cuidados na construção da ambiência onde a mesma deverá ocorrer. Primeiro, sempre que possível, solicitar ao *sponsor* do projeto, ou até à área de recursos humanos, a melhor sala da organização para o evento de abertura. No local, colocar uma mesa com sucos, águas e até alguns acepipes com vistas a propiciar ao convidado, na sua chegada, a percepção da importância do evento, e mais: o mesmo sentir-se privilegiado pelo convite de participar do projeto, e com isso adotar uma atitude positiva em relação ao mesmo.

Conforme a magnitude e importância estratégica do projeto, não raro esse evento pode ser realizado fora da organização, em uma sala de eventos de um hotel por exemplo, ressaltando ainda mais sua importância.

Na sequência, mesmo de forma preliminar, como já ressaltamos, deverão ser apresentadas as informações possíveis das áreas do conhecimento relacionadas pelo *Guia PMBOK*®, como escopo, cronograma, orçamento etc., relacionadas anteriormente.

Ressaltamos outro ponto importante durante essa fase da reunião de abertura, que é a apresentação dos membros presentes da equipe inicial, um a um, ressaltando o porquê de sua participação, papéis e responsabilidades. Recomendamos utilizar a matriz de responsabilidades mencionada no capítulo 4.

Apresentamos exemplo real que pode ilustrar adequadamente essa questão. Certa vez, em uma reunião de abertura de um projeto, entre os membros da equipe convidados havia um gerente de uma área funcional com 15 anos na organização que atuaria em tempo parcial e um jovem ex-estagiário recém-efetivado da área de TI. A organização operava no modelo matricial compartilhando seus recursos, incluindo humanos, entre as áreas funcionais e projetos.

Se na reunião de abertura não houver formalmente a apresentação de cada membro enaltecendo sua importância, explicitando os respectivos papéis e responsabilidades para a realização das atividades do projeto, a tendência pode ser de o gerente funcional querer mandar no jovem colega de TI, perdendo assim o sentido de união, estabelecimento de relações de confiança para a construção de uma verdadeira equipe de projetos. Analogamente a um time de futebol, é primordial a percepção do quanto cada qual é imprescindível para a obtenção da vitória, não importando se goleiro ou atacante. Esse é um papel fundamental do técnico, no caso do GP, em relação aos seus recursos humanos.

Uma importante chave para iniciar a construção de um espírito ímpar na equipe de projetos se refere a sua identidade.

Por conseguinte, é recomendável que a equipe de projetos tenha sua identidade simbolizada por um nome ou uma marca – em torno da qual se constrói a identificação dos seus membros com o projeto – que defina a equipe e a distinga de outras, tornando-se única, enaltecendo assim uma sensação positiva de pertencimento por parte de cada membro da equipe.

Portanto, "há a necessidade de a equipe desenvolver uma identidade própria e que se caracterize como singular se comparada a outras equipes", conforme Finamor et al. (2015:92), reforçando, desta forma, sua construção identitária como equipe em cada projeto.

Cohen e Bailey (1997:41) definem as equipes pelo foco social como

> uma coletânea de indivíduos que são interdependentes nas suas tarefas, compartilham responsabilidades na busca de resultados, que veem e querem ser vistos por outros como uma entidade social intacta, inserido em um ou mais sistemas sociais, gerenciando as suas relações ao longo das fronteiras organizacionais.

Isso reforça a importância da construção identitária das equipes nas organizações e consequentemente nos seus projetos.

Finamor et al. (2015:93) ressaltam que as "definições de identidade buscam a construção de papéis nas e das equipes que contemplam alguns elementos", como:

- a interdependência dos membros;
- compartilhamento de responsabilidades em busca de melhores resultados;
- diferenciação das competências, integração;
- atuação multidisciplinar e em alguns casos multiárea.

Os temas identidade e identificação organizacionais (Albert e Whetten, 2010; Hatch e Schultz, 2010) se revelam por meio de manifestações de natureza simbólica, das linguagens textual e visual, não raras vezes ligadas à missão e objetivos das equipes de trabalho, conduzindo às crenças compartilhadas pelos seus membros acerca de "quem somos nós como equipe e como organização".

Caro leitor, um exemplo já vivenciado ocorre em um jogo de futebol. Nele, o uso da camisa do time favorito, com suas cores específicas e o brasão próprio, e seu hino nas comemorações são considerados artefatos simbólicos que identificam o time e seus torcedores, diferenciando-os dos demais times de futebol.

Esses simbolismos estimulam a "união dos membros, o encorajamento para enfrentar os desafios, o orgulho de pertencimento" (Finamor et al., 2015:93) à equipe, e devem estar presentes nas comemorações coletivas, como atingimento de metas, vitórias, conquistas, barreiras e dificuldades ultrapassadas ou qualquer manifestação positiva de resultados coletivos, ratificando relações de confiança entre os membros e construindo um verdadeiro espírito de equipe.

No ambiente de projetos, muitas vezes esses símbolos se revelam por meio de um nome para a equipe: pode ser, por exemplo, o nome do cliente do projeto, o objetivo do projeto, a importância do projeto para a organização, entre outros. Há casos em que, além do nome, cria-se um logotipo, uma marca para simbolizá-lo. Esses elementos simbólicos devem ser usados em eventos dia a dia mas também, e principalmente, nas celebrações, como encontros da equipe em eventos externos, comemorações, *happy hours* e outros tipos de folgas sociais para brindar eventuais realizações da equipe, proporcionando uma espécie de cola (*glue*) entre seus membros, consolidando um acentuado comprometimento coletivo entre eles, como ressaltado por Katzenbach e Smith (2001; 2013).

Ao mesmo tempo que há a necessidade de construção identitária das equipes de projetos, o gerenciamento de recursos deve acompanhar o desenvolvimento das equipes por meio da melhoria das competências de seus membros para o mais adequado atendimento das entregas previstas.

Desenvolvimento da equipe de projetos

Como apresentado no *Guia PMBOK®*, na etapa de desenvolvimento das equipes visamos ao aprimoramento das habilidades dos seus membros para aumentar a capacidade de terminar as atividades do projeto.

Concomitantemente, o gerenciamento de recursos, no caso os humanos, deve buscar o aumento da confiança e da coesão entre os membros de equipe com vistas a aumentar a produtividade por meio do trabalho em conjunto.

Caro leitor, é importante compreender que, muitas vezes, em uma equipe de projetos existem pessoas de diversas culturas e organizações e que precisam trabalhar juntas de forma temporária – característica predominante nos projetos –, com objetivos claros e definidos, compartilhando recursos para vencer os desafios a que as mesmas são submetidas, e necessitam ser impulsionados pela força de sua liderança, no caso, de quem está gerenciando a equipe de projetos.

O desenvolvimento da equipe do projeto deve ser acompanhado pela sua liderança, visando à melhoria das habilidades de seus membros, das competências técnicas, do ambiente de trabalho da equipe, na busca de aprimorar o desempenho do projeto como um todo. Conforme proposto no *Guia PMBOK®* (PMI, 2017:337), os principais objetivos do acompanhamento do desenvolvimento da equipe do projeto incluem, mas não estão limitados a

- aprimorar os conhecimentos e as habilidades dos membros da equipe para aumentar sua capacidade de concluir as entregas do projeto, com redução de custos e cronogramas, e aumento da qualidade;
- aprimorar os sentimentos de confiança e consenso entre os membros da equipe para melhorar a motivação, reduzir os conflitos e aumentar o trabalho em equipe;

- criar uma cultura de equipe dinâmica, coesa e colaborativa a fim de: (1) melhorar a produtividade individual e da equipe, o espírito de equipe e a cooperação, e (2) permitir treinamento e mentoria entre os próprios membros da equipe para compartilhar conhecimentos e *expertise*;
- habilitar a equipe a participar em processos decisórios e assumir responsabilidade das soluções fornecidas para aumentar a produtividade da equipe e obter resultados mais eficazes e eficientes.

Levando em conta estas últimas considerações, vamos abordar, na sequência, os principais elementos para a construção, entre os membros do time de projetos, do verdadeiro espírito de equipe (*team building*).

Desenvolvimento de *team building*

O desenvolvimento de competências coletivas das equipes deve contemplar a perspectiva de alinhamento dos diversos ativos intangíveis geradores de valor, tanto para as pessoas quanto para as respectivas organizações (Cardoso, 2008b).

Cardoso e Mardegan (2010) pontuam que, no atual ambiente competitivo, as organizações têm dado importância à construção de competências coletivas na busca da sinergia das equipes visando atingir resultados mais eficientes e eficazes.

Bonotto e Bitencourt (2006) apresentam o conceito de competências coletivas como as habilidades que um grupo de indivíduos possui para trabalhar em busca de um objetivo comum. São formadas pelas competências prática e interpessoal. A competência prática se refere à habilidade de executar uma determinada tarefa e a competência interpessoal se revela na qualidade das interações relacionais para a entrega das tarefas, atender a demandas e ultrapassar desafios.

As competências coletivas estão ligadas ao grau de atingimento de objetivos comuns mediante ações interativas das equipes, tendo como

> base uma visão compartilhada construída a partir da qualidade dos processos de interação entre essas pessoas, do contexto e do sentido que essas pessoas conferem ao grupo e às suas atividades [Bonoto e Bitencourt, 2006:12].

Sandberg e Targana (2007:91) complementam: e do "entendimento compartilhado que a equipe tem de seu trabalho".

Dessa forma, as organizações necessitam "desenvolver estratégias que visem à mudança de conduta dos seus funcionários individuais ou integrados em equipes, que apresentem resultados abaixo de seu nível de competência" (Finamor et al., 2015:127) em decorrência de conflitos e problemas de natureza intrapessoais e interpessoais, do grau de maturidade e de propósito comum da equipe. Nesses casos o desempenho individual pode estar em um estágio ainda de baixa tolerância e confiança interpessoal e coletivo não alcançando as competências coletivas da equipe.

Essas estratégias deverão ser implementadas em busca, também, de promover um clima adequado à execução das atividades colaborativas e, ao mesmo tempo, prevenir futuras situações de desavenças e conflitos por conta justamente das divergências individuais e coletivas nas equipes (Macêdo et al., 2012).

Nesse sentido, Moscovici (2010) apresenta o conceito de *team building* como um conjunto de estratégias que objetiva a melhoria dos relacionamentos interpessoais e a solução de conflitos na execução de tarefas cooperativas.

O termo *team building* – traduzido literalmente como "construção de equipes" – significa a aplicação de métodos e técnicas envolvendo atividades internas e externas do ambiente organizacional, buscando, nos trabalhos relacionados ao desenvolvimento de atividades cooperativas, a construção de um espírito de equipe com vistas à melhoria do seu desempenho.

Os principais objetivos do *team building* são:

- identificar aspectos individuais de personalidade;
- manter a equipe motivada;
- estabelecer regras e responsabilidades de forma clara;
- trabalhar colaborativamente;
- promover treinamento e desenvolvimento individual e coletivo;
- realizar celebrações, quando ocorrem, por atingimento ou cumprimento de objetivos (folga social);
- incentivar a formação do espírito de equipe.

Para o atendimento desses objetivos do *team building*, devemos levar em consideração a metodologia apontada por Finamor et al. (2015:128-129) na busca por desenvolver soluções coletivas, considerando-se as seguintes etapas:

- diagnóstico – levantamento da origem dos problemas que levam a um clima indesejável na equipe e desempenho abaixo de seu nível de competência;
- planejamento – análise e determinação dos métodos mais adequados à solução de cada tipo de problema, incluindo a escolha de propostas com base teórica em Dinâmica de Grupo, Psicodrama e técnicas de Neurolinguística, entre outras;
- execução – aplicação do método a ser vivenciado pela equipe por meio de reuniões, palestras, encontros e seminários que contemplem o levantamento das questões, definição das metas e objetivos pretendidos. Devem ser considerados, entretanto,

os aspectos ambientais e contingenciais como "os objetivos, as necessidades, as características, o conhecimento da cultura e da história [...] da organização" (Macêdo et al., 2012:168);

- acompanhamento – por sua característica dinâmica e de resistência ao processo de transformação de natureza pessoal e interpessoal considerado na metodologia, a mudança deverá acontecer ao longo do tempo. Entretanto, deveremos considerar que, em alguns casos, os empregados nas equipes harmoniosas, podem começar a divergir quanto às práticas e rotinas cotidianas ocasionando, possivelmente, uma redução da produtividade.

Fica então clara a relevância de se obter o diagnóstico das insatisfações e dos questionamentos de membros da equipe, com o objetivo de atender às demandas emergenciais, revitalizar o espírito de equipe e mitigar os conflitos.

As propostas de aplicação das técnicas de dinâmicas no *team building* devem buscar a formação de equipes mais eficientes e eficazes, em relação às quais Finamor et al. (2015:129-130) ressaltam:

> A participação dos empregados deve ser de natureza voluntária nos encontros e debates a respeito de temas críticos, como: resolução de conflitos e a metodologia a ser aplicada para o melhor desempenho da equipe. Portanto, deverá se considerar a disponibilidade interna dos mesmos no tratamento dos conflitos, antevendo a necessidade de lidar com situações emocionais e lembranças indesejáveis decorrentes das interações cotidianas.

Caro leitor, para ilustrar, veja o caso de um profissional que trabalhou em determinado projeto no início de sua carreira, não estava motivado e não apresentava um bom desempenho. O mesmo relatava constantemente aos colegas sua dificuldade de relacionamento com a gerente de projeto. Essa informação chegou à diretoria da organização, que transferiu o profissional para uma nova equipe de projetos com escopo similar, realizando as mesmas atribuições. Chamou a atenção o fato de que, nessa nova equipe, o profissional começou a apresentar um bom desempenho.

Após algum tempo, o projeto tomou grandes proporções, necessitando assim de reforço na equipe. Então a gerente do projeto anterior foi transferida para a mesma equipe onde agora se encontrava o profissional em questão. A simples presença da sua ex-gerente para atuar na mesma equipe despertou no profissional lembranças desagradáveis, acarretando uma imediata queda no seu desempenho e fazendo florescer o desejo de não permanecer na equipe.

Para conduzir situações dessa natureza é que o *team building* se constitui como uma eficaz ferramenta para lidar com as questões de ordem interpessoal que são geradoras de queda de desempenho das equipes nas organizações.

O *team building* passa a ser uma ferramenta efetiva para se lidar, por exemplo, com situações em que alguns membros da equipe, embora fisicamente juntos, encontram-se emocionalmente apartados e acabam não sabendo como agir quando colocados em situações desafiadoras e que requerem cooperação mútua por meio de tarefas colaborativas. Nesses casos, a ausência do conhecimento das qualidades e defeitos entre os membros da equipe pode resultar em dificuldade no estabelecimento de laços de confiança pessoal e profissional, e em baixa tolerância às eventuais idiossincrasias entre os participantes da equipe.

O desenvolvimento do *team building* abrange um conjunto de técnicas a serem aplicadas que vão "desde exercícios, jogos, até atividades em grupo e dramatizações que simulem situações de desafios e problemas específicos ou genéricos de uma organização" como proposto por Finamor et al. (2015:131). Essas dinâmicas coletivas, desenvolvidas em ambientes *indoor* ou *outdoor* à organização, têm por objetivo a integração entre os participantes e suas práticas, com vistas a promover a harmonia dentro de um contexto lúdico-emocional.

Estes últimos autores recomendam que, no programa de *team building*, as dinâmicas em grupo realizadas a partir de exercícios, jogos, treinamentos devem contemplar os seguintes aspectos:

- comunicação – visa ao entendimento das linguagens individuais e coletivas que permearam a construção dos protocolos de comunicação na equipe; permite ajustar as diferenças de ideias e as perspectivas individuais; estabelece transparência de propósitos e clima de amizade, conforme Tonet et al. (2009);
- objetivos e metas – visam promover o entendimento e a clareza de aonde se pretende chegar e como fazê-lo. Estabelecem os desafios, senso de oportunidade e entusiasmo para vencê-los;
- contexto das atividades – visa estabelecer a ambiência que permeia os desafios; demarca as fronteiras, os limites e o contexto em que a equipe se insere;
- comprometimento – visa estimular a integração e a cumplicidade dos componentes das equipes; cultiva sentimento de lealdade e solidariedade;
- reconhecimento – visa estabelecer um senso de estímulo e proliferação de autoestima no nível individual e grupal pelas conquistas e atingimento de metas;
- competências – visam estimular de forma sinérgica a utilização dos talentos e competências individuais para a construção de resultados coletivos em um ambiente estimulante e desafiador;
- colaboração – visa promover uma cultura de desenvolvimento de atividades no cotidiano da organização baseada no trabalho em equipe e que dará suporte e estímulo ao desenvolvimento de competências no nível individual, de acordo com Dollen et al. (2003).

Como mencionado também nos objetivos do *team building*, recomendamos, sempre que justificadamente possível, a realização de celebrações conhecidas como folgas sociais, para comemorar atingimento de metas importantes, ampliações de contratos, medições de avanços do projeto que liberem pagamentos expressivos, aniversários do mês, entre outros, para promover a maior união da equipe e promover maior tolerância às eventuais diferenças entre alguns de seus membros. É uma significativa oportunidade de os componentes da equipe, incluindo a gerência de projetos, se conhecerem um pouco além de sua participação como relevantes recursos do projeto, ou seja, também como seres humanos com suas especificidades.

Finalizando, o conceito de *team building* tem como proposta:

- a consolidação do senso de pertencimento entre os membros da equipe;
- a percepção, entre seus componentes, de que são partes de algo maior do que as participações individuais;
- o entendimento coletivo da missão da equipe;
- propósito da equipe com base nos objetivos organizacionais.

Tal proposta reforça, assim, a direção da equipe para o atingimento de um alto desempenho dos projetos nas organizações.

Gerenciamento da equipe de projetos

Gerenciar a equipe envolve o acompanhamento do desempenho de seus membros, o fornecimento de *feedback*, a resolução de problemas e a coordenação de mudanças para melhorar o desempenho do projeto.

Entre os itens referentes ao processo de gerenciar a equipe relacionados, o *feedback* merece uma especial atenção. Finamor et al. (2015:115) apresentam assim o *feedback*:

Parte fundamental na comunicação e condução de equipes, é uma ferramenta de suma importância para gerar aprendizagem e desenvolver grupos de trabalho. Leme (2007) defende que *feedback* significa apenas informação, e que esta deve ser precisa, sem emoção ou qualquer adjetivo conjugado. Passadori (2013) concorda e acrescenta que o *feedback* serve para se estabelecer um diálogo, gerar aprendizagem e dar continuidade ao desenvolvimento da pessoa, do grupo e da equipe.

Leme (2007) recomenda que nas ações de *feedback*, os gestores devem buscar clareza de expressão, cuidar do local e horas que sejam adequados, focar comportamentos, não prejulgar, agindo com empatia, certificar-se da compreensão dessa devolutiva, com vistas a mitigar os desentendimentos e evitar situações embaraçosas e de conflito entre as partes.

Os responsáveis pelo gerenciamento dos recursos devem observar o comportamento da equipe, gerenciar os possíveis conflitos, resolver os problemas à medida que apareçam e, concomitantemente, avaliar o desempenho de seus membros.

O gerenciamento da equipe de projetos deve ser periodicamente atualizado, relacionando-se as solicitações de mudança apresentadas e registrando-se os problemas resolvidos, elementos que servem de entradas para as avaliações de desempenho da equipe e para a elaboração do documento de lições aprendidas, que deve ser mantido no banco de dados da organização.

A seguir, apresentamos várias características das equipes envolvendo sua disposição, física e virtual, e aspectos ligados às equipes mais homogêneas ou mais heterogêneas, relevantes no gerenciamento das mesmas no ambiente de projetos.

Disposição física das equipes

No capítulo 2, apresentamos várias possibilidades de arranjos colaborativos envolvendo o ambiente de projetos e respectivos recursos, como a equipe de projetos. No capítulo 4, abordamos as relações hierárquicas entre os membros das equipes de projetos, por meio da construção simbólica dos respectivos organogramas. O entendimento do impacto dessas relações entre os membros da equipe e o resultado revelado na performance do projeto passa pela questão da diversidade de seus membros.

Com relação ao tema da diversidade nas equipes, o desempenho obtido em alguns tipos de projetos pode depender da homogeneidade ou da heterogeneidade das respectivas equipes.

Equipes homogêneas e heterogêneas em projetos

Há estudos acadêmicos envolvendo a diversidade nos ambientes de projeto referentes ao desempenho de equipes com base na homogeneidade e heterogeneidade dos atributos demográficos dos seus membros (Hanashiro e Queiroz, 2005).

Como resultado, esses estudos constataram que

> as equipes mais homogêneas tendem a contribuir com a eficiência da organização, otimizando os recursos e desenvolvendo com melhor desempenho os processos organizacionais revestidos de maior estabilidade e visibilidade [Finamor et al., 2015:95].

A razão apontada se refere ao nível de similaridade interpessoal entre uma ou mais dimensões da diversidade. Essa similaridade interpessoal se refere à empatia, comunicação mais fácil e previsibilidade de comportamentos dos membros da equipe, possibilitando-se desenvolver as tarefas decorrentes das práticas e rotinas organizacionais com mais eficiência.

Em relação às equipes mais heterogêneas, Hanashiro e Queiroz (2006:5) apontam que essas "reagem melhor às mudanças", apresentando uma capacidade maior de adaptação à organização. Por conta da diversidade de conhecimentos, pontos de vista e experiências vividas, essas equipes podem desenvolver soluções alternativas e criativas, demonstrando assim uma superioridade na resolução de problemas e no enfrentamento de desafios – complementam essas autoras. Entretanto, ressaltamos que, até atingir o período de melhor desempenho, as equipes heterogêneas passam muitas vezes por um período inicial mais turbulento e de conflitos, enquanto não se estabelecem as relações de confiança entre seus membros, aceitação das respectivas diversidades e ampliação dos níveis de tolerância em relação a algumas idiossincrasias características de seus membros e de difícil aceitação na convivência do cotidiano dos projetos.

Algumas relevantes constatações para evidenciar essas diferenças de desempenho entre equipes mais homogêneas e as mais heterogêneas são apresentadas por Finamor et al. (2015:96-97), levando em conta as diferenças na

> formação de equipes em estruturas organizacionais funcionais em relação às equipes multidisciplinares nas organizações. As equipes estruturadas em uma única área funcional, normalmente são formadas por profissionais com perfil similar de competências técnicas, com conhecimentos e experiências que caracterizam a área funcional em que atuam. Ex. TI, Gestão de Pessoas, Marketing, [...]. Nessas áreas se desenvolvem competências específicas para as respectivas atividades e responsabilidades na organização, por profissionais que apresentam uma homogeneidade de atributos técnicos.

A constatação levantada por Finamor et al. (2015) é que o desempenho das equipes homogêneas é superior nas atividades rotineiras, cotidianas, comuns nas estruturas organizacionais funcionais. Entretanto, nas estruturas projetizadas, as quais são formadas frequentemente por profissionais de competências técnicas de diferentes áreas do conhecimento, as equipes heterogêneas apresentam um melhor desempenho, principalmente por fornecerem maior diversidade de recursos para dar conta das mudanças nos projetos não previstas na fase de planejamento (Finamor et al., 2015:96).

Cabe-nos observar que essa característica temporal do modelo em projeto não ocorre nas estruturas funcionais. Estas últimas são utilizadas ao longo da vida da organização, enquanto a mesma existir. Portanto, a temporalidade se constitui em uma característica diferenciadora entre as equipes nos modelos estruturais funcionais e nos modelos de estruturas para projetos. Assim, Finamor et al. (2015:96-97), em sua análise, concluem que:

> As estruturas montadas para os projetos, como são mais heterogêneas, poderão apresentar um desempenho superior do que as equipes funcionais. No entanto, a sua harmonização na fase inicial dos trabalhos, pode apresentar uma maior dificuldade de entrosamento, em face justamente das diferenças, e depende muito da habilidade e liderança da gerência, para valorizar as diferenças, mitigar os efeitos comportamentais [...], promover a aceitação ou pelo menos tolerâncias às diferenças mais emergentes [...], buscar na diversidade da equipe a amplitude e flexibilidade de conhecimento e experiências para fazer frente às [...] demandas decorrentes das atividades e propósito da equipe.

Pelas considerações aqui apresentadas, percebemos que as equipes mais homogêneas são mais indicadas para o dia a dia da organização, ao passo que as equipes heterogêneas apresentam um desempenho melhor para resolver novos problemas por conta de sua diversidade de pontos de vista, visão de mundo e experiências diversificadas, permitindo-se novas alternativas para vencer os desafios à medida que surgem.

O quadro 6 apresenta um resumo de pesquisas sobre as vantagens e desvantagens no desempenho das equipes heterogêneas considerando os atributos de diversidade.

Quadro 6

Vantagens e desvantagens no desempenho das equipes segundo diferentes fontes de diversidades

Fonte da diversidade	Vantagem (+)	Neutra	Desvantagem (-)
IDADE	Inovação Desempenho de curto/longo prazo		
TEMPO DE EMPRESA	Desempenho de curto/longo prazo	Inovação	Desempenho no cumprimento de prazos
ESCOLARIDADE	Inovação Desempenho de curto/longo prazo		Velocidade na implementação de ações estratégicas
HETEROGENEIDADE OCUPACIONAL	Desempenho de curto prazo	Desempenho de longo prazo	
ÁREA FUNCIONAL	Ação estratégica Desempenho de curto/longo prazo Envolvimento na decisão Cumprimento de prazos Inovação	Cumprimento de prazos Inovação Cumprimento de orçamento	Velocidade de ação

Fonte: Hanashiro e Queiroz (2006).

Os aspectos de heterogeneidade e homogeneidade também devem passar pela autopercepção da realização profissional de seus membros, do atendimento de suas necessidades pessoais, e pela sua satisfação com a própria equipe de trabalho, porque essa passa a funcionar como uma “ferramenta a partir da qual necessidades individuais passam a ser satisfeitas", complementam Hanashiro e Queiroz (2005:10).

Assim, pode-se desenvolver um intenso estado afetivo dos membros com a respectiva equipe, com seus próprios objetivos, e dessa forma construindo-se um ambiente colaborativo necessário para um efetivo desempenho coletivo.

No entanto, com a evolução tecnológica das áreas de telecomunicações e informática, adicionadas à criação e disponibilização de ferramentas de comunicação, os arranjos colaborativos contemporâneos vêm sofrendo mudanças por meio de criação de espaços abertos nas organizações – conhecidos como *open space offices* –, nos quais se retiram barreiras físicas, como baias de trabalho, divisórias, salas gerenciais e de reunião.

Nessas organizações, os gestores vêm exigindo que seus profissionais acrescentem novas ferramentas colaborativas, como os aplicativos de grupos ou comunidades, às já existentes, como o e-mail, os aparelhos de telefonia móvel e fixa.

Outra mudança do cotidiano organizacional, presente também nos ambientes de projetos, se refere à virtualização das relações, ou seja, membros das equipes de projetos colaborando em suas atividades sem compartilhar o mesmo espaço físico. São as chamadas equipes virtuais em projetos, que serão objeto da próxima seção.

Equipes virtuais em projetos

Hoje em dia, muitas organizações, em várias partes do mundo, procuram na virtualização das relações colaborativas não só a melhoria da produtividade e criatividade no ambiente laboral, mas também uma redução no custo operacional com recursos humanos, e isso passa pelo incentivo de atividades a serem realizadas pelos seus colaboradores fora do ambiente físico de trabalho.

Uma plêiade de projetos vem sendo desenvolvida por equipes cujos membros não compartilham o mesmo espaço físico, muitas vezes lotados em suas residências ou em outros espaços compartilhados situados em outras cidades, outros estados e até outros países.

Esse rearranjo para a realização das atividades pelos membros das equipes passa a ser, por parte do gerenciamento de recursos, mais um ponto de atenção e preocupação no planejamento, desenvolvimento, gerenciamento e controle das equipes de projetos.

Apresentamos, assim, alguns itens que deverão ser analisados e implementados como parte do gerenciamento dos recursos humanos dos projetos desenvolvidos em ambientes virtuais.

- Infraestrutura de telecomunicações e informática – computadores, *notebooks*, *smartphones*, *tablets*, impressoras, *plotters*, roteadores, cabeamentos, entre os vários itens de rede de comunicação de voz e dados, os quais deverão ser especificados, e em algumas organizações fornecidos pela mesma aos seus colaboradores virtuais. Deve-se também acrescentar os softwares, programas e aplicativos necessários não só à comunicação dos membros virtuais da equipe de projetos – e-mail, softwares de colaboração, *bridges* de conferência, mensagens eletrônicas (SMS), repositórios de documentos compartilhados, entre outros – como também o provimento das ferramentas tecnológicas que permitam a realização de suas atividades a distância.
- Gerenciamento de comunicação – deverão ser estabelecidos os protocolos de comunicação de natureza síncrona, como áudio ou videoconferência, ou assíncrona, como e-mails e mensagens eletrônicas, ou via aplicativos de compartilhamento de mensagens em grupos, tanto com a equipe virtual quanto com a equipe presencial nos projetos.

- Compartilhamento de mérito – esse é um desafio contemporâneo, em que os profissionais nas organizações e os membros virtuais de uma equipe de projetos deixam de ter seu acompanhamento e desempenho medidos por meio do controle de espaço físico e tempo laboral, passando a ser avaliados pelas entregas esperadas, pelas metas cumpridas, levando-se em conta a qualidade e pontualidade dessas entregas. Há um risco de a análise desempenho não ser, algumas vezes, equitativa, pela ausência física do gestor ou gestora durante o desenvolvimento das atividades dos membros virtuais da equipe, podendo-se perder parcialmente a percepção de envolvimento e engajamento – o vestir a camisa – dos membros virtuais, necessária a uma justa avaliação da performance individual ou coletiva.
- Fusos horários – muitas vezes, os membros das equipes se encontram em locais com outros fusos horários, que deverão ser levados em consideração no estabelecimento dos protocolos de comunicação. A inobservância dos fusos pode levar à realização de atividades colaborativas, reuniões a distância e outras formas de comunicação que possam comprometer as atividades pessoais e particulares dos membros da equipe, levando, no seu limite, a sanções trabalhistas ou contrapartidas adicionais de remuneração extra, implicando prejuízos ao orçamento do projeto.
- Locais de trabalho – quando mais de um membro virtual da equipe de projetos está lotado na mesma localidade, seja bairro ou município muito próximo, não é incomum que se providencie um local fora de suas residências para que os mesmos possam desenvolver as atividades requeridas pelo projeto e compartilhar experiências com alguns benefícios do contato físico para a execução das tarefas do projeto. Esse aspecto traz como benefício um melhor controle da distribui-

ção das tarefas e tempo para a realização, o compartilhamento de opiniões e o aumento da percepção de pertencimento ao núcleo organizacional. Também reduz, em alguns casos, a dificuldade de conviver com a solidão, o efeito indesejável de um inadequado ambiente residencial, como barulho, divisão de tarefas do lar, interferências de outros membros da família e também resolve a possível inadequação da estrutura física para a realização das atribuições do projeto.

Além dos aspectos mencionados relativos ao provimento das condições para um melhor desempenho individual e coletivo das equipes de projetos nos vários tipos de ambientes e estruturas organizacionais, é imprescindível que a gerência de recursos compreenda que a formação da equipe, em geral, passa por diversas etapas, com nuances específicas em seu desenvolvimento.

Apresentaremos, a seguir, as etapas para a formação de uma equipe de projetos e seus aspectos evolutivos.

Etapas da formação da equipe de projetos

No capítulo 2, analisamos o impacto das estruturas organizacionais na forma de trabalho das equipes de projetos.

Essa análise passou pela constatação de uma característica relevante no atendimento das demandas organizacionais por meio de projetos: sua temporalidade. Ou seja, o projeto normalmente é de natureza temporária, com prazo determinado para sua finalização. Portanto, a duração de um projeto é distinta das atividades funcionais, pois estas últimas possuem uma perspectiva de longa duração, basicamente acompanhando toda a história de vida da organização.

Por essa singular característica, os projetos se desenrolam normalmente com várias fases de mudanças em termos da equipe de projetos, e essas fases são calcadas nas relações estabelecidas por seus membros em diferentes momentos.

Normalmente, é uma relação evolutiva, perpassando pelo estabelecimento de relações de confiança pessoal e profissional, como vimos no capítulo anterior.

A figura 16 apresenta simbolicamente essas diversas fases, contendo a visualização do estabelecimento dos vínculos entre os membros da equipe à medida que os projetos se desenvolvem na linha do tempo.

Figura 16
As fases de formação da equipe de projetos

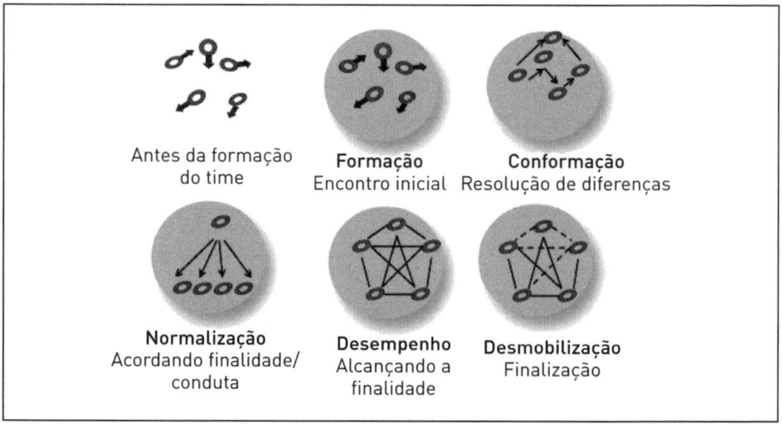

Fonte: adaptada de Zanelli et al. (2004).

A primeira fase apontada na figura 16 se refere aos primeiros contatos ou contratação daqueles membros que deverão participar na formação da equipe do projeto já em sua fase inicial.

Muitas vezes, esses membros não se conhecem por serem procedentes de ouras áreas da empresa ou provenientes de contratação externa realizada por meio da área de recursos humanos, como apresentamos no capítulo 3. Esse grupo é constituído por pessoas que devem participar das reuniões preliminares ao início do projeto.

A segunda fase – a da formação do grupo inicial – começa já na reunião de abertura (*kick off meeting*) abordada anteriormente, em que são apontados os papéis, responsabilidades, tarefas, interfaces, normas, processos, procedimentos e a relevância de cada membro da equipe para o resultado coletivo.

A partir dessa reunião de abertura, ou pontapé inicial do projeto, inicia-se a terceira fase – a de conformação –, que pode se revelar extremamente delicada e suscetível a situações conflitantes entre os membros da equipe de projetos.

Pelo fato de os membros da equipe, muitas vezes, não terem trabalhado em conjunto, fato esse associado às diversidades precedentes de natureza hierárquica, às diversidades de experiência profissional, e por serem os membros provenientes de áreas distintas da organização ou de outras organizações, com formação diferenciada e características de personalidade, crenças e valores individuais às vezes divergentes, é quase inimaginável a inexistência de conflitos, desalinhamento de condutas e dificuldade de aceitação ou tolerância de diversidades no cotidiano do projeto.

É uma fase que pode requerer, de quem está exercendo o gerenciamento dos recursos humanos, por um lado muita habilidade interpessoal e empatia, e, por outro, muita firmeza e clareza em demonstrar à equipe os propósitos do projeto, o que deve ser feito, por quem, seus papéis e responsabilidades, a interdependência das tarefas e das áreas responsáveis, atuando, por exemplo, como um técnico e futebol, que gerencia um conjunto de craques com seus talentos, mas com os problemas inerentes a egos e vaidades, que precisam ser estimulados a dar o melhor de si, individualmente e coletivamente, para se conquistar a vitória nas partidas e conquistar o campeonato.

No capítulo 3, ressaltamos que quanto mais heterogêneas as equipes, mais esses aspectos da diversidade entre seus membros são salientes e, por decorrência, elas se revelam como equipes que carecerão de maior atenção, proximidade e supervisão por parte dos gestores em relação aos comportamentos individuais e interativos visando à resolução de eventuais diferenças entre participantes da equipe.

Na quarta fase – a de normalização –, o conjunto de membros que se constitui na base dos recursos humanos do projeto já pode ser considerado uma equipe, com perspectiva de produzir um efeito sinérgico, em que o todo da equipe é maior do que a soma da participação individual de seus componentes.

Nesse momento, revelam-se, nos comportamentos e interações dos membros da equipe, relações de confiança, tanto de cunho pessoal quanto profissional, respeito e compreensão mais nítida das diferenças, indicando uma evolução do sentido de equipe, o que direciona a próxima etapa, em que se pode obter um alto desempenho, transformando de forma potencializada suas ações em resultados que atendam às expectativas do projeto.

Esse é o momento que se configura como o ponto alto da equipe, a qual pode conquistar a quinta fase – a do desempenho. As principais características de uma equipe de alto desempenho, a ser objeto da atenção e percepção por parte da liderança do projeto, são apontadas por Finamor et al. (2015:54-56) como:

- crescimento contínuo – a liderança precisa estimular a melhoria de desempenho pessoal e profissional dos membros da equipe em um processo contínuo de capacitação e desenvolvimento que deverá impactar também o resultado da equipe de forma positiva;
- compartilhamento de competências – há a necessidade de se estimular o compartilhamento de conhecimentos, habilidades, *know how*, *insights* entre os membros da equipe, não só para ampliar o escopo do aprendizado coletivo como para possibilitar a transferência desse aprendizado para outras

aplicações, em outros projetos e outras atividades organizacionais. Veremos à frente que essa é uma das bases para se construir nas organizações um programa de gerenciamento do conhecimento;

- elevado nível de criatividade – como ferramenta estratégica nas organizações, alicerçada na capacidade individual e coletiva de gerar mudanças e soluções inovadoras para fazer frente aos constantes desafios característicos do ambiente de projetos;
- comprometimento sistêmico – visar ao atendimento das metas do projeto, com alto nível de comprometimento individual e coletivo, a partir de uma visão sistêmica do projeto, da organização e do cenário de negócios em que estão inseridos;
- efetividade nos processos – buscar a utilização dos recursos de forma otimizada, não perdendo, no entanto, uma visão clara das metas a serem alcançadas. Esse é um grande desafio, pois nem sempre é fácil agir de forma eficiente e concomitantemente eficaz. Um exemplo é quando um cliente do projeto solicita uma mudança sem alteração do preço pactuado, a qual pode trazer um aumento de custo no orçamento. Aceitar essa solicitação pode comprometer a eficiência do projeto, mas pode ser eficaz na fidelização do cliente, se houver um claro potencial de ele contratar novos projetos.
- liderança compartilhada – na fase de desempenho da equipe, é possível delegar autoridade para seus membros, com o devido monitoramento pela gerência de projetos, visando passar o sentimento de confiança com foco na otimização de resultados.

A sexta e última fase – a de desmobilização – se refere ao momento talvez mais crucial do projeto, ou seja, a desmobilização de seus recursos, muitas vezes tensionadas, por atingimento de metas finais estabelecidas, como atendimento de escopo e de prazos pactuados, cumprimento de metas orçamentárias, retorno esperado do investimento, qualidade das entregas, satisfação dos principais *stakeholders*.

E a equipe do projeto? Com se sente nessa última fase? Possivelmente, pela nossa experiência em situações similares, com um misto sentimento de dever cumprido, se de fato ocorreu, com um vazio em relação ao ritmo que vinha empregando para o melhor atingimento das metas citadas, entremeado por uma expectativa de novos e desafiadores empreendimentos ou o medo e a insegurança da ausência de um novo projeto e de sua correspondente participação.

Afinal, o projeto acaba! Pelas questões e percepções presentes na relação laboral peculiar ao ambiente de projetos, emerge uma necessidade singular a esse ambiente por parte de quem está comandando os recursos humanos do projeto: a de exercer um estilo de liderança dinâmico e que deve ser, portanto, modificado contingencialmente, de acordo com todas as etapas evolutivas da equipe ora citadas. Esse dinamismo no estilo de liderança, peculiar ao ambiente de projeto, é o tema que vamos abordar na sequência.

Liderança situacional nos projetos

Como explicitamos no capítulo anterior, pela sua característica temporária, o ambiente de projetos apresenta uma peculiaridade em relação às estruturas organizacionais tradicionais. O projeto possui uma dinâmica presente em sua evolução que vai requerer dos gestores um comportamento que também acompanhe essa dinâmica, requerendo assim mudanças no estilo de gestão, necessárias para atender às demandas da equipe de projetos nas suas fases evolutivas.

Alguns gerentes de projetos têm problemas relacionados à liderança da equipe pelo desconhecimento ou incompreensão da existência dessas fases, sua natureza e exigências de adequação do estilo de liderança de forma adaptativa às mesmas.

A figura 17 pode nos ajudar a compreender essas questões em cada fase do projeto. Note que a letra E na figura se refere ao *estágio* da equipe e respectiva forma de atuar da liderança em termos dos comportamentos diretivo e de apoio.

Figura 17
Liderança situacional nos projetos

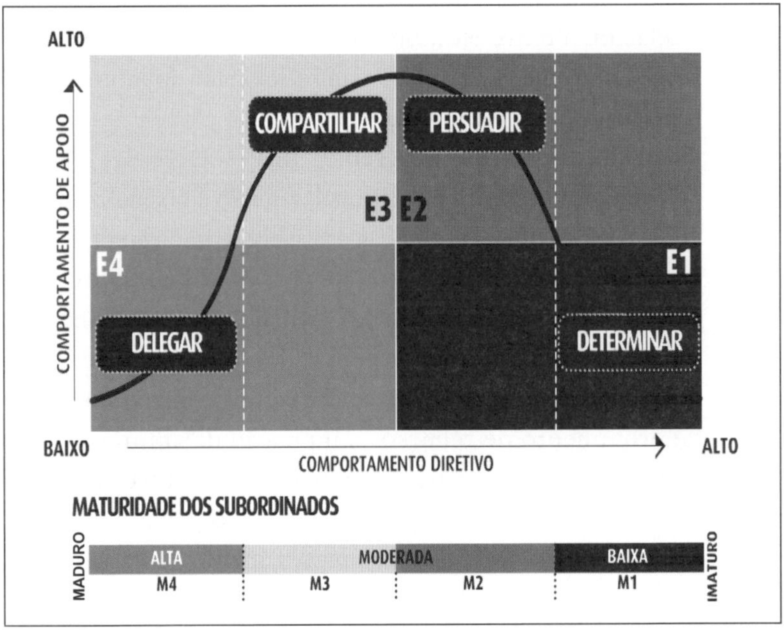

Fonte: adaptada de Hersey e Blanchard (1986:189).

Hersey e Blanchard (1986) apresentam quatro distintas fases evolutivas nos ambientes de projeto, olhando da esquerda para a direita, que demandam da liderança o foco em:

- determinar – essa fase se refere aos momentos iniciais do projeto, em que os membros da equipe inicial estão procurando compreender seus papéis e responsabilidades, estabelecer relações de confiança entre si, compreender o propósito, metas e objetivos do projeto, compreender as relações de poder e autoridade dos principais *stakeholders*, aspectos tecnológicos envolvidos, entre outras possíveis áreas ainda nebulosas que permeiam esse momento. Essa fase demanda um estilo de liderança com foco na supervisão das tarefas, determinação constante dos papéis e responsabilidades dos membros da equipe inicial, clareza na orientação operacional e relacional entre eles, lidar com as diferenças, ditando os rumos do projeto. Essa fase está relacionada ao momento de mobilização e formação da equipe;

- persuadir – nessa fase, esperamos uma evolução das relações de confiança pessoal e profissional, visando à normalização do efeito negativo das diferenças passíveis de geração de conflitos. Assim, o estilo de gestão começa a ser menos diretivo e mais persuasivo no sentido da construção de um espírito de equipe, respeitando as especificidades de cada qual e transmitindo confiança por meio de um comportamento de apoio, de provimento de recursos, ampliação de autonomia dos membros da equipe, para que os mesmos tenham espaço para manifestar seus talentos nas atividades cotidianas do projeto;
- compartilhar – nessa fase, o comportamento de apoio passa a ser o foco no estilo de liderança, pois se espera que a equipe inicie a etapa com melhor desempenho, maior afinidade nas relações entre os membros, ou seja, a expectativa é que a liderança atue como provedora de recursos e condições para que a equipe comece a atuar de forma autogerenciada;
- delegar – nessa fase, a equipe encontra-se no auge de seu estágio de maturidade e, por consequência, deve apresentar um alto desempenho, revelando desde um bom ambiente de trabalho até uma boa performance nas entregas previstas no

> projeto. A percepção dessas condições exige da liderança a ação de delegar. É importante essa sensibilidade porque, por um lado, a equipe deve se sentir segura e motivada em caminhar com muita autonomia e, ao mesmo tempo, com um apurado senso de responsabilidade para com as metas e objetivos do projeto. Por outro lado, o gestor do projeto pode reduzir os comportamentos predominantes, quer sejam diretivos, quer sejam de apoio, situando-se em uma posição de planejar e acompanhar um plano mais macro em relação às demandas do projeto. É até possível que nessa fase a liderança possa abarcar algum novo projeto em sua fase inicial, pois não lhe será exigida, no projeto que está avançado, uma atuação tão operacional.

Percebe-se, pois, a necessidade nítida, na observação e aplicação da gerência nos projetos, de gradualmente alterar o estilo de gestão, conforme a mudança das demandas da equipe. Em resumo, o estilo vai mudando conforme o grau de maturidade da equipe. Essa é uma característica peculiar ao ambiente de projetos, a qual deve ser considerada e aplicada por seus gestores e que difere dos estilos mais constantes e estáticos presentes nas arquiteturas organizacionais funcionais e nos estilos de seus gestores.

Analisadas as fases dos estilos de gestão e as singulares etapas de formação das equipes de projetos, vamos explanar sobre o que acontece, do ponto de vista de produção do conhecimento, nas respectivas interações do dia a dia e como gerenciar essa produção.

Gestão do conhecimento nos projetos

Nos tempos atuais, o capital intelectual tem se revelado um dos mais importantes – senão o mais – ativos das organizações. Muitas das organizações têm no seu capital intelectual a parcela mais significativa de seu valor de mercado. Não só ativos tangíveis, como máquinas, equipamentos, instalações, recursos financeiros, processos constroem o resultado das organizações; em muitos casos, é primordial a capacidade de criar e inovar, alavancando novas oportunidades de negócios lucrativos para a perpetuação das organizações com esse fim.

Quem produz esse capital? São as pessoas, com os respectivos talentos, capacidade inovadora e geradora de resultados positivos para as organizações e, por que não, em muitos casos para a sociedade.

Portanto, o grande desafio das organizações inovadoras é investir e capacitar seus recursos humanos, oferecer melhores condições de trabalho, melhores recursos e ambiente organizacional para os colaboradores, com vistas a potencializar sua participação na construção do conhecimento organizacional.

A criação do conhecimento organizacional é a capacidade de uma empresa criar conhecimento, difundi-lo na organização como um todo e incorporá-lo a produtos, serviços e sistemas de forma contínua, como abordaremos na sequência.

Conceitos e aplicação

A gestão do conhecimento nas organizações busca instrumentos que possibilitem sua retenção, organização, acesso e distribuição, otimizando sua utilização (Liebowitz e Wilcox, 1997).

A gestão do conhecimento, como abordado por Spek e Spijkervet (1997), pode ser entendida como um conjunto de estratégias que visa utilizar ativos de conhecimento e estabelecer fluxos para garantir que a informação possa ser acessada no momento e no formato adequados, com a finalidade de alavancar ideias para a solução de problemas e tomada de decisão. Boff (2000) complementa o conceito abordando o efeito de alavancar ideias para solucionar problemas e tomadas de decisão..

A criação do conhecimento organizacional deve ser compreendida como um processo que amplia organizacionalmente o conhecimento criado pelos indivíduos, por meio de uma comunidade de interação, cristalizando-o como parte de uma rede de conhecimentos da organização. Essa comunidade pressupõe interação, tanto de indivíduos quanto das dimensões tácita e explícita do conhecimento.

Esses construtos referentes às dimensões tácita e explícita foram inicialmente explorados por Michael Polanyi (1996), em seu livro *The tacit dimension*. O conhecimento tácito, como proposto por Polanyi, é de natureza pessoal, específico do contexto e difícil de ser formulado e comunicado. Já o conhecimento explícito refere-se ao conhecimento que pode ser registrado de alguma forma, por meio de registros e até mídias audiovisuais e, portanto, é passível de transmissão para todos os colaboradores de uma organização, em linguagem formal e sistemática. Pode ainda ser armazenado no banco de dados da organização para acesso dos perfis autorizados pela mesma.

Polanyi (1966) observa que os seres humanos adquirem conhecimento criando e organizando ativamente suas próprias experiências. O objetivo nas organizações é que assim que produzido, um novo conhecimento possa ser distribuído para uso na organização no momento atual e no futuro. Isso permite que diferentes áreas do conhecimento sejam combinadas e aplicadas em outras situações.

Para Nonaka e Takeuchi (1997), os conhecimentos tácito e explícito não são entidades totalmente separadas, e sim mutuamente complementares. Os autores consideram que o conhecimento humano é criado e expandido por meio da interação entre os conhecimentos tácitos e os conhecimentos explícitos produzidos no dia a dia organizacional, e que estabelecem quatro tipos de transformação do conhecimento, quais sejam:

- socialização – é um processo de compartilhamento de experiências a partir do qual ocorre a criação do conhecimento tácito, como modelos mentais ou habilidades técnicas compartilhadas. Sem alguma forma de experiência compartilhada, é extremamente difícil para uma pessoa projetar-se no processo de raciocínio de outro indivíduo;
- externalização – é um processo de articulação entre conhecimentos tácitos e conceitos explícitos e é provocado pelo diálogo ou pela reflexão coletiva. Pode utilizar-se de métodos não analíticos, tais como analogias e metáforas, quando as expressões verbais não forem suficientes para traduzir os *insights*, vivências ou percepções dos indivíduos;
- combinação – é um processo de organização de conceitos em um sistema de conhecimento. Envolve a combinação de conjuntos diferentes de conhecimento explícito. Ocorrem troca e combinação de conhecimentos por meio de documentos, reuniões ou redes de comunicação computadorizadas;
- internalização – é o processo de incorporação do conhecimento explícito ao conhecimento tácito. É intimamente relacionada ao aprender fazendo. Quando são internalizadas nas bases do conhecimento tácito dos indivíduos na forma de modelos mentais ou *know-how* técnico compartilhado, as experiências, por meio da socialização, externalização e combinação, tornam-se ativos valiosos. Esse conhecimento tácito acumulado precisa ser compartilhado com outros membros da organização, iniciando assim uma nova espiral de criação de conhecimento.

A figura 18 representa as conversões dos conhecimentos tácitos e explícitos produzindo uma "espiral do conhecimento" como denominada por Nonaka e Takeuchi (1997).

Figura 18
Processos de conversão entre os conhecimentos tácitos e explícitos e espiral do conhecimento

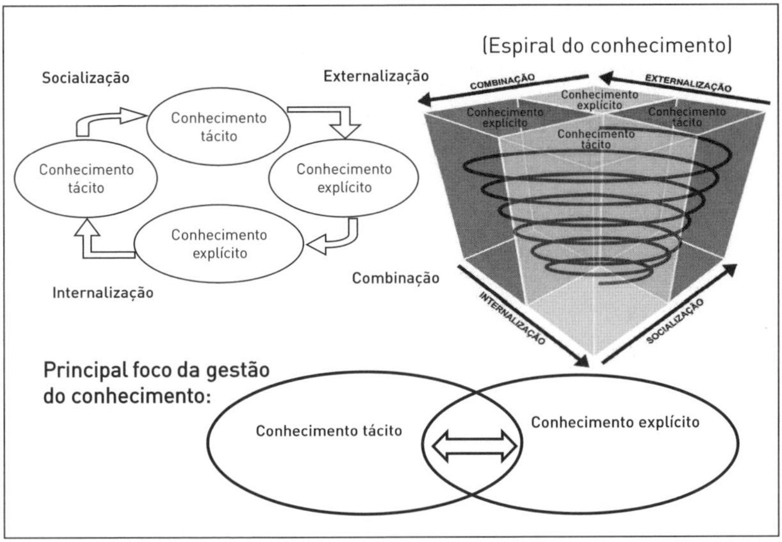

Fonte: adaptada de Nonaka e Takeuchi (1997).

Dessa forma, começa a ser construído um conjunto de conhecimentos que podem ser armazenados e administrados nas organizações, produzindo valor e constituindo um contínuo processo de aprendizagem para seus colaboradores.

A aprendizagem nas organizações se estabelece por meio de um conjunto de processos que começa com a coleta de dados, que são organizados e transformados em informação e, depois de analisados e contextualizados, se transformam em conhecimento para ser aplicado aos processos decisórios e operacionais, gerando, dessa forma, vantagem competitiva para a organização.

No entanto, Raj et al. (2010:97) reforçam que o "aprendizado individual é necessário, mas não é suficiente para garantir a inteligência" nas organizações; é importante também que "haja eficácia na transferência do conhecimento dos indivíduos para a organização", complementam esses autores.

Portanto, faz-se necessário que as organizações estabelecem uma série de estratégias para estimular a criação do conhecimento, mas também para que este seja acessado e compartilhado pelos seus membros.

Senge (1990) apresentou alguns paradigmas, que chamou de disciplinas, que as organizações deveriam seguir para o desenvolvimento de seu processo de aprendizagem de forma efetiva, como:

- domínio pessoal – é produto da forma peculiar como cada indivíduo desenvolve suas tarefas organizacionais e também da reflexão de como inovar sua participação no atendimento das metas pessoais e organizacionais, permitindo até o desenvolvimento de algum relevante conhecimento tácito;
- modelos mentais – são decorrentes de ideias, perspectivas, imagens e visão de mundo de cada qual no ambiente organizacional e parametrizam suas ações e comportamentos. Uma das funções do gerente de projetos é compreender esses modelos dentro da diversidade da equipe, buscando mitigar conflitos e valorizar o produto dessas diferenças como forma sinérgica de produzir resultados positivos, ultrapassar barreiras e vencer desafios;
- visão compartilhada – busca passar para a equipe crenças, valores, propósitos de natureza coletiva, compartilhando conhecimentos, visando à convergência de metas e objetivos;
- aprendizagem em equipe – a ambiência característica da estrutura para projetos, com predominância da valorização do trabalho em equipe, é solo fértil para o compartilhamento de ideias e construção de soluções no sentido de alavancar resultados;
- pensamento sistêmico – Senge (1990) considera essa disciplina a mais relevante das cinco ora apresentadas para o desenvolvimento de uma efetiva organização que aprende.

> A combinação das quatro disciplinas anteriores, adicionada à capacidade de expansão do conhecimento produzido pelos colaboradores, aplicações em novas situações e mudanças de natureza evolutiva, permite que a organização estabeleça um processo de melhoria permanente do conhecimento produzido e de desenvolvimento de novos saberes.

As melhores práticas de gerenciamento de projetos indicam a importância de documentar as experiências vividas em projetos passados, algumas de natureza tácita, as quais devem ser documentadas e ter sua divulgação estimulada entre os responsáveis pelos novos projetos.

Dessa forma, quando se fala em gerenciar o conhecimento do projeto, somos remetidos às lições aprendidas, as quais "são usadas para melhorar o desempenho do projeto e evitar a repetição de erros" (PMI, 2017:92).

Lições aprendidas

O documento formalmente conhecido como "registro de lições aprendidas" tem como principal objetivo documentar a aprendizagem produzida no passado para ser utilizada no futuro.

Destacamos pelo menos dois aspectos fundamentais das lições aprendidas como ferramenta para as demandas de projetos futuros com base na abordagem no PMI (2017). O primeiro é não repetir falhas, erros, desencontros e lapsos de qualquer natureza em situações similares. Os erros são inerentes às ações dos indivíduos, são parte integrante do processo de aprendizagem, mas sua recorrência é que deve ser evitada. Ou seja, para que inventar a roda, se ela já foi inventada? Para que perder tempo, recursos e gerar desgaste junto a *stakeholders* do projeto, se isso pode ser evitado com a simples divulgação e análise das lições aprendidas, como conhecimento explícito disponível nas organizações?

O segundo aspecto se refere a aproveitar as boas ideias, sugestões e práticas realizadas nos projetos anteriores e que podem ser adaptadas, ajustadas, adequadas e usadas em novos projetos. Como vimos, existe a possibilidade de transferir conhecimentos aprendidos para novas situações ampliando a capacidade de resolver problemas, desafios e gerar resultados eficientes e eficazes no atendimento de metas, otimizando os recursos do projeto.

No registro das lições aprendidas, estão relatados: a categoria e a descrição da situação, o impacto no projeto, os pontos fortes e pontos a melhorar, as recomendações e ações associadas com a situação (PMI, 2017). O registro das lições aprendidas de um projeto deve contemplar as "dificuldades, problemas, riscos e oportunidades percebidas, ou outro conteúdo conforme apropriado" ressaltado pelo *Guia PMBOK®* (PMI, 2017:104), que ainda recomenda:

> As pessoas ou equipes envolvidas no trabalho também estão envolvidas na captura de lições aprendidas. O conhecimento pode ser documentado usando vídeos, fotos, áudios ou de qualquer outra forma adequada, que garanta a eficiência das lições capturadas.

Ao final de um projeto ou fase, os registros das lições aprendidas são transferidos para o banco de dados da organização, passando a ser um ativo de processo organizacional.

Um caso interessante, e que serve de lição aprendida, é o de uma organização da área de construção civil que exige uma apresentação formal do registro das principais lições aprendidas de projetos anteriores, em toda reunião de partida de um novo projeto. Há um colaborador ligado ao chamado PMO (*project management office*), que possui a missão de coordenar o conhecimento produzido e que é responsável pela sua disseminação para novos projetos. Se o empreendimento for de longo prazo, essa apresentação é repetida à medida que haja mudanças significativas nos projetos, como em seu escopo, cronograma, orçamento, recursos e interesses dos respectivos *stakeholders*. Essa é uma prática que julgamos imprescindível nas organizações, em especial naquelas com foco em projetos.

* * *

No próximo capítulo, vamos apresentar os processos relativos ao acompanhamento do gerenciamento dos recursos ao longo do ciclo de vida dos projetos, ou seja, o monitoramento e controle dos recursos do projeto, que é uma das cinco etapas do conjunto de processos propostos pelo *Guia PMBOK®* (PMI, 2017).

6
Monitoramento e controle da gestão de recursos

Neste capítulo, vamos mostrar como, ao monitorar e controlar recursos, buscamos garantir que o que foi planejado está de fato sendo realizado e, logicamente, buscar os ajustes necessários ao rodar o PDCA (planejar, realizar, checar e ajustar) claramente nesse processo. O grupo de processo de monitoramento e controle é fundamental para o êxito do projeto, medindo eventuais desvios e vinculando a relação desses desvios com o gerenciamento de recursos.

O macroprocesso para o monitoramento e controle da gestão de recursos

Ao controlar recursos buscamos garantir que, durante a execução, os recursos planejados estejam disponíveis na hora em que o projeto irá necessitar deles, pois caso isso não ocorra estaremos impactando o prazo, o custo direto e o indireto, refletido em riscos, aquisições, qualidade etc.

Outro ponto importante não é tão somente a disponibilidade do recurso e sim a liberação do mesmo após o uso, seja ele humano ou físico. No caso de recursos humanos, sua liberação passa por um *feedback* também ao gestor que o cedeu. Numa estrutura matricial, por exemplo, esse ponto é muito importante para criação de valor na carreira do profissional em questão. Os recursos físicos (materiais, equipamentos, instalações e infraestruturas) também necessitam ser liberados, pois muitos deles são compartilhados entre projetos, por exemplo, projetos controlados por um PMO, em que se busca a otimização desses recursos de tal forma que não se precise replicar a compra entre projetos.

Pela visão do *PMBOK*® (PMI, 2017), o monitoramento de recursos passa também pelo olhar de otimização, ou seja, verificar como se deu a utilização dos recursos, por exemplo, se foram utilizados de forma a não haver desperdício, buscando o equilíbrio para que não se tenha nem excesso de recursos e nem a falta deles, pois essa falta pode atrasar o projeto. Assim, ao monitorar também estamos calibrando o projeto no sentido de um uso eficaz dos recursos, garantindo que serão liberados conforme a necessidade do projeto, em conformidade com o planejado e, em caso negativo, ajustando o plano de forma a se tornar mais adequado às demandas.

Parte desses recursos é contratada, de modo que é importante também que o monitoramento englobe a interação com fornecedores quando houver situações de ajustes de recursos identificadas na execução.

Quando falamos em rodar o conhecido PDCA (planejar, realizar, checar e ajustar), isso recai diretamente no controle integrado de mudanças, pois aquilo que não estiver acontecendo adequadamente deve ser ajustado, o que implicará mudanças no projeto, ou seja, replanejamento. Tais situações de mudança, nesse caso, podem ser decorrentes de um mau planejamento ou mesmo de situações de momento que nos levam a optar por outras soluções de contorno ou mesmo por melhores soluções. O importante, nesse caso, é não se portar passivamente ao receber uma solicitação de mudança, e sim ter um posicionamento crítico dessa mudança, conforme explicado no parágrafo seguinte, sempre focando o melhor para o projeto. Ainda, situações que gerem a necessidade de novos equipamentos ou materiais comumente acontecem durante o projeto, tendo em vista que, como já dissemos, o planejamento não é estático, e isso é fator de mudança.

No entanto, é bom reforçar um item que está ligado à área de conhecimento "integração", mas que vale aqui colocar, pois esse processo seguirá determinados passos. Estamos nos referindo ao controle integrado de mudanças, que segue seis passos, quais sejam:

1º passo: conhecer a mudança que foi solicitada ou que foi identificada como necessária do projeto.
2º passo: verificar o impacto da mudança nas áreas de custo, escopo e cronograma, por exemplo.
3º passo: verificar alternativas para a mudança solicitada, visando diminuir os impactos citados no 2º passo.
4º passo: aprovar a mudança internamente junto à equipe do projeto, ou seja, junto a quem está executando o projeto.
5º passo: aprovar a mudança externamente, ou seja, junto ao cliente.
6º passo: implementar a mudança.

Essas mudanças, se implementadas, sempre vão gerar a necessidade de ajustes no plano do projeto e em documentos relacionados aos seus próprios fatores. Para contextualizar, podemos citar o conceito de *scope creap* relatado na área de escopo, que está relacionado a se fazer mudanças sem passar pelo controle integrado de aprovação. Como exemplo desse conceito aplicado em gerenciamento de recursos, poderíamos citar um integrante de uma equipe de projetos que identificou que o melhor recurso em termos de equipamentos de ensaios para validação de uma etapa do projeto é o equipamento B e não o A, planejado no projeto. Esse novo equipamento proposto, mesmo que pareça ser o melhor caminho, deve ser avaliado, passando pelo controle integrado de mudanças seguindo os seis passos citados acima.

As situações de controle, então, são baseadas sempre em dados do projeto, por exemplo: esse mês foram usados 200 metros de cabo durante o projeto de uma linha de transmissão. A partir desses dados, poderemos avaliar o desempenho do projeto quanto ao uso desse tipo de recurso com base no que estava planejado. Assim, verificaremos tendências que temos ao longo do projeto de estarmos acertando com os recursos que foram planejados e nos antecipando a eventuais problemas que poderiam vir a ocorrer. Um ponto importante para verificação de eventuais desvios, além dessas confirmações de estimativas, vem a ser a avaliação de desempenho da equipe do projeto, pois os desvios podem estar vinculados a essa questão como a próxima seção aborda.

Avaliação de desempenho da equipe de projetos

Para acompanhar o desempenho da equipe de projetos, é necessário estabelecer indicadores que monitorem a performance desses profissionais e que essas sinalizações indiquem onde estão eventuais problemas no andamento do projeto. Estamos certos de que, predominantemente, os problemas em projetos possuem relação direta com pessoas da equipe. E como trabalhamos, nesse caso, com os indicadores? Os indicadores devem ser capazes de sinalizar tendências ou desvios em relação ao planejado quando vistos de forma integrada. É importante sabermos que não adianta termos uma infinidade de indicadores. Devemos ter o número suficiente que nos ajude no processo de tomada de decisão, visando a correções de rota do projeto. Para tanto é necessária uma meta vinculada a cada um dos indicadores, que podem ter referência de *benchmark* interno (de outra área de projetos da empresa) ou *benchmark* externo (de mercado).

Seguem alguns exemplos de indicadores segundo Raj et al. (2010:124):

- índice de absenteísmo (IAbs) – indica que a equipe está se ausentando do trabalho: IAbs = (número de afastamentos no período × 100) / quantidade média de funcionários no período;
- índice de treinamento (ITrein) – indica quanto está sendo investido em treinamento para a equipe: ITrein = quantidade de homens-hora trabalhando por ano / quantidade de homens-hora em treinamento no ano;
- índice de *turnover* (ITurn) – indica a rotatividade dos profissionais da equipe: ITurn = {[(funcionários admitidos + demitidos) / 2] / média de funcionários no período} × 100.

Dos indicadores apresentados, podemos exemplificar que um *turnover* alto pode estar indicando uma insatisfação (da equipe) que precisa ser resolvida, pois no entra e sai de profissionais no projeto há sempre um risco de perda de informações e um *gap* temporal até o novo recurso apresentar uma performance adequada. O índice de treinamento sinaliza quanto está sendo investido em treinamento de uma equipe num projeto, o que pode significar, por exemplo, que num próximo projeto que requeira determinada competência não se precise mais terceirizar, pois tal competência será primarizada.

Um exemplo de indicador muito em voga nos dias de hoje é a diversidade de gênero. Por meio dele, podemos medir num portfólio de projetos quanto temos de mulheres e homens distribuídos nas equipes, buscando, assim, um melhor equilíbrio.

Como outro exemplo, também podemos sinalizar indicadores internos de uma organização usados em projetos de P&D (pesquisa e desenvolvimento) dentro da categoria qualificação de recursos humanos próprios e competências das entidades executoras de pesquisa.

Um exemplo de indicador usado na categoria de qualificação de recursos humanos próprios, muito usado em projetos de pesquisa, é o tipo de titulação da mão de obra própria, que pode estar dividida em:

- pós-doutorado;
- doutorado;
- mestrado;
- pós-gradução (*lato sensu*);
- especialização;
- graduação;
- técnico.

Esse indicador pode sinalizar a quantidade de profissionais das equipes de projeto por tipo de titulação de forma percentual, avaliando a variação percentual dessas titulações no tempo e fazendo alguma correlação com o rendimento de projetos num determinado período.

Um exemplo de indicador usado na categoria de competências das entidades executoras de pesquisa pode estar dividido de acordo com a fase da cadeia de inovação em que o projeto se encontra:

- pesquisa básica;
- pesquisa aplicada;
- desenvolvimento experimental;
- cabeça de série;
- lote pioneiro;
- inserção de mercado.

Esse indicador sinaliza percentualmente a quantidade de projetos por entidade executora nas respectivas fases da cadeia de inovação, propiciando análises de tendência das entidades de pesquisa que possuem maior ou menor viés para as fases finais que são próximas ao mercado (cabeça de série, lote pioneiro e inserção de mercado) e para aquelas que possuem maior viés acadêmico, normalmente nas fases iniciais da cadeia de inovação (pesquisa básica, pesquisa aplicada e desenvolvimento experimental), fazendo também alguma correlação com o rendimento de projetos num determinado período (Barreto, 2009).

Um indicador mais usual seria, por exemplo, num projeto de engenharia, o tipo de função ou cargo:

- técnico;
- engenheiro júnior;
- engenheiro pleno;
- engenheiro sênior;
- engenheiro *master*;
- analista de recursos;
- auxiliar administrativo.

Também esse tipo de indicador pode sinalizar a quantidade de profissionais das equipes de projeto por tipo de função ou cargo, avaliando a performance. Ou seja, dependendo do segmento do projeto, esse tipo de análise pode ser adaptado.

Dentro do projeto, todos os participantes da execução devem possuir informações claras quanto aos sistemas de premiação e reconhecimento das equipes, o que é abordado na próxima seção.

Sistema de premiação e reconhecimento

Segundo Chaves (2013:127), a premiação pressupõe que "o líder deve reconhecer e validar os esforços e os resultados obtidos pela equipe. Mesmo os mais simples, pois as pessoas querem provas de que as suas realizações são importantes".

Assim, os participantes da execução, ao possuírem informações claras quanto a premiações e reconhecimento nos projetos e os comportamentos desejáveis e valorizados para alcançar os resultados pretendidos, devem possuir formas de acompanhar como estão evoluindo os indicadores que geram recompensas ou premiações. Isso ajuda a equipe a permanecer engajada e comprometida com os resultados do projeto como um todo. Essa valorização pode vir por meio de alguma recompensa previamente acordada, mas deve-se ter atenção para atender às expectativas do profissional, pois quando falamos de recompensar, não necessariamente estamos falando de um lado financeiro, já que os valores das pessoas variam, e isso deve ser percebido pela gestão do projeto, ou seja, entender o perfil da equipe e seus valores é fundamental nesse processo. Dinheiro, portanto, não é a única possibilidade de recompensa; podemos ter folgas, homenagens etc. como formas de reconhecimento. Outra maneira de tratar essa questão de recompensar que funciona muito bem é a premiação da equipe como um todo ao se atingir uma meta durante a execução do projeto, pois assim cria-se o espírito de pertencimento e foco global.

Administração de insatisfações e principais conflitos no gerenciamento de recursos

Os estudos na área de recursos humanos indicam que não necessariamente os conflitos são prejudiciais às equipes e, na verdade, são mesmo inevitáveis, segundo Verma (1996). Ao contrário do que se pensa, ainda conforme este último autor, em alguns casos os conflitos podem ser fonte de motivação pela competição entre equipes, gerando um ganho de produtividade, desde que ocorra de forma comedida e controlada, sem gerar o caos nas relações.

Para atuar na resolução de conflitos, devemos atacar suas causas sem esconder os problemas. O ideal é que os próprios envolvidos se resolvam.

Existem quatro modalidades de conflito: intrapessoal, interpessoal, intragrupal e intergrupal. O conflito intrapessoal está relacionado ao profissional com ele mesmo, normalmente motivado por insatisfações nas atividades que realiza ou mesmo na vida pessoal. O gerente do projeto deve ser sensível para entender o momento e ajudar a superá-lo.

O conflito interpessoal pode ocorrer entre membros da equipe ou até mesmo entre um só elemento e todo o resto da equipe. Nessa situação, a intervenção do gerente do projeto deve ocorrer logo para que a situação não se prolongue e até mesmo afete os trabalhos.

O conflito intragrupal acontece entre um profissional e um grupo de pessoas de uma equipe do projeto que trabalham juntas numa determinada atividade e aquele indivíduo está destoando dos objetivos traçados pelo grupo.

O conflito intergrupal ocorre entre grupos de pessoas, dentro ou fora da equipe do projeto, e é normalmente provocado por diferentes posicionamentos sobre uma determinada ação ou norma a ser seguida que leve a posições contraditórias.

Para tanto, enumeramos aqui, em ordem de prioridade, algumas fontes de conflito como apresentado no *PMBOK® Guide* (PMI, 2017):

- cronograma;
- prioridades;
- recursos;
- opiniões técnicas;
- procedimentos administrativos;
- custos;
- personalidade.

Uma fonte de conflito relacionada a cronograma seria, por exemplo, um *sponsor* combinar, com o cliente, um determinado prazo não factível mediante os recursos de que o projeto dispõe. Em relação a prioridades, pode haver divergência com relação a que atividades são prioritárias no projeto. Já com relação a recursos, são bem comuns conflitos na negociação por recursos humanos, por exemplo, entre o GP e o gerente funcional numa estrutura matricial. Opiniões técnicas divergentes que afetam o processo decisório e o escopo também estão presentes com frequência em projetos. Os ritos administrativos a serem seguidos, como a governança de aprovação de um projeto a ser seguido na organização, são também mais uma fonte de conflitos. Os custos sempre são pontos de atenção em projetos e podem mesmo gerar conflitos em função de solicitações de redução que podem não ser viáveis para um determinado caso. A personalidade humana sempre é uma fonte de conflito, tendo em vista que pessoas pensam de forma diferente, possuem prioridades diferentes, expectativas diferentes etc., – todos pontos suscetíveis de conflito.

Gostaríamos de ressaltar que a maioria das pessoas indicaria que questões de personalidade são as principais fontes de conflito; no entanto, aparecem em sétimo lugar segundo o *PMBOK® Guide* (PMI, 2017). Um exemplo de fonte de conflito seriam dois integrantes estarem disputando um papel de responsável por uma atividade do projeto. Por isso se faz tão importante a matriz de responsabilidades conforme dito no capítulo 4, uma vez que a partir do momento em que todos os papéis e responsabilidades estão definidos evitam-se conflitos nesse sentido.

Para tanto, traremos aqui algumas técnicas usadas para atuar nos conflitos. Vamos exemplificar com uma situação em que dois integrantes da equipe discordam sobre a metodologia de pesquisa usada num projeto de inovação. Um defende a metodologia A e o outro defende o uso da metodologia B. As cinco técnicas que apresentaremos a seguir poderiam ser usadas nessa situação. São elas:

- colaborar/resolver – conduz ao consenso e ao compromisso sendo então ganha-ganha. Essa é a melhor técnica, pois atua de fato no problema com uma solução que incorpora as diferentes visões;
- comprometer/reconciliar – traz soluções de forma temporária para os envolvidos, sendo então perde-perde. Cada um abre mão de parte de sua posição, mas ocorre algum grau de insatisfação também para ambos;
- suavizar/acomodar – enaltece os pontos comuns e não os que são objetos de divergência; com isso, tira força da discordância;
- recuar/evitar – nessa técnica, utiliza-se a retirada da situação, deixando a questão para outro momento, adiando a solução, o que faz com que não seja uma boa técnica;
- forçar/direcionar – técnica usada em situações de emergência, em que não se tem muito tempo para ponderações; oferece uma solução ganha-perde.

Cultura, clima e motivação da equipe de projetos

Num ambiente de projetos, é fundamental trabalharmos com engajamento das equipes para que consigamos o resultado final desejado. O clima organizacional é ponto pacífico para a criação desse engajamento, e a cultura da empresa pode ou não permitir que se crie e trabalhe de forma a cada um contribuir com seu melhor.

Um exemplo de como uma cultura pode afetar negativamente o engajamento pode ser um planejamento estratégico que seja de conhecimento somente da alta direção, isto é, as equipes se limitam a conhecer o projeto como um todo, mas não está claro onde cada membro se encaixa dentro da visão do planejamento estratégico da organização. Assim, os membros da equipe não visualizam conexões da contribuição de suas ações para o projeto dentro dos indicadores/metas de evolução de ações do planejamento estratégico. Essas conexões geram sentido para o papel da equipe e é natural fonte de motivação.

Não adianta termos o gerente do projeto e o patrocinador supermotivados com o projeto e a equipe distante desse olhar para o resultado final. Várias são as ações que poderão ajudar na construção de um bom ambiente de motivação, e uma dessas ações já relatamos no capítulo 4, que foi termos regras claras quanto ao que cada um irá fazer no projeto. A partir do momento em que conhecemos nossas atribuições e a dos outros integrantes, cria-se um senso de pertencimento importante por demais no processo de engajamento dos colaboradores do projeto.

Algumas teorias motivacionais são usadas como referências para se construir uma cultura e um clima organizacional voltado para a motivação, como descrito a seguir.

- Teoria X e Y de Mc Gregor – Essa teoria de Mc Gregor divide os profissionais segundo duas perspectivas, sendo X pessoas que não gostam de trabalhar, não possuem uma automotivação, precisam de supervisão, não chamam a responsabilidade para si. Já os profissionais Y seriam aqueles que possuem amadurecimento suficiente com o trabalho por terem uma motivação própria em realizar. McGregor compara dois estilos opostos de administrar: um estilo baseado na teoria tradicional, à qual deu o nome de teoria X, e, de outro lado, um estilo baseado nas concepções mais atuais a respeito do comportamento humano, que retratam o homem como automotivado – enfatiza-se o potencial do homem para crescer e desenvolver-se –, a que denominou teoria Y.

- Teoria das necessidades de Maslow (figura 19) – Essa teoria é baseada em cinco estágios representados numa pirâmide. Significa que, segundo Maslow, para se atingir a autorrealização, que é o topo da pirâmide, deve-se necessariamente passar por todas as outras quatro etapas sem pular nenhuma delas. Na base da pirâmide, temos fatores fisiológicos, que se referem a ter o básico, por exemplo, o alimento. O segundo estágio já é relativo à segurança, que nos remete a estarmos tranquilos quanto à nossa segurança física. O terceiro estágio refere-se a questões sociais, como ter amigos e viver bem em comunidade. O quarto estágio, que é da estima, refere-se a termos a consideração, a admiração e o respeito de outras pessoas para conosco. E o último estágio, que é o topo da pirâmide, como dito, é a autorrealização, que tem a ver com o nosso crescimento profissional e como ser humano.

Robbins (2002) define cada um dos níveis de necessidade da seguinte forma:

1. fisiológicas – incluem fome, sede, abrigo sexo e outras necessidades corporais;
2. segurança – inclui segurança e proteção contra danos físicos e emocionais;
3. sociais – incluem afeição, aceitação, amizade e sensação de pertencer a um grupo;
4. estima – inclui fatores internos de estima, como respeito próprio, realização e autonomia; e fatores externos de estima, como *status*, reconhecimento e atenção;
5. autorrealização – a intenção de tornar-se tudo aquilo que a pessoa é capaz de ser; inclui crescimento, autodesenvolvimento e alcance do próprio potencial.

Figura 19
Pirâmide da teoria das necessidades de Maslow

Fonte: Robbins (2002).

- Teoria de Herzberg – Nessa teoria, Herzberg divide os fatores de motivação em higiênicos e motivacionais. Os higiênicos são relacionados a salário, condições de trabalho, relacionamento no trabalho e segurança. São fatores administrados e decididos pela empresa e, portanto, estão fora do controle das pessoas. Eles, por si sós, não geram motivação, mas a falta deles gera desmotivação. Os fatores motivacionais são os que, de fato, se relacionam ao trabalho propriamente dito e geram vontade de assumir responsabilidades nas atribuições, como a autorrealização, o crescimento profissional e o reconhecimento por todos os envolvidos.
- Teoria de McClelland (teoria das necessidades) – Essa teoria usa como base a ideia de que, para se obter a motivação de uma pessoa, basta atender a pelo menos uma de três necessidades: de realização, de filiação e de poder. Se para se motivarem as pessoas possuem necessidades diferentes, segundo McClelland, logicamente elas devem ser gerenciadas também

de forma diferente, considerando essas particularidades. A necessidade de realização se pauta no sucesso, por meio de tarefas desafiadoras em prol de resultados, obtendo *feedback* de reconhecimento. A necessidade de filiação se volta para a questão de estreitar relacionamentos e ser aceito pelo grupo, gerando o senso de pertencimento. A necessidade de poder é calcada no *status* desse poder, que pode ser evidenciado por meio de um cargo, por exemplo, e busca controle e liderança sobre as pessoas de forma a influenciar o ambiente.

* * *

Mostramos, neste capítulo, a importância do grupo de processo de monitoramento e controle para que possamos refinar o gerenciamento de recursos de um projeto. A seguir apresentaremos as conclusões de todo este livro, dando um fechamento e trazendo uma reflexão do gerenciamento de recursos do projeto e suas contribuições dentro de um contexto maior em que o mesmo está inserido.

Conclusões

Caro leitor, acreditamos ter sido o maior desafio na construção dessa obra o fato de objetivarmos a exploração da área do conhecimento referente ao gerenciamento dos recursos do projeto, a qual, em nosso entendimento, foi a que mais sofreu mudanças na última versão do *PMBOK®* (PMI, 2017).

A inclusão de recursos físicos, adicionalmente aos recursos humanos presente na versão anterior do *PMBOK®*, traz uma plêiade de situações a serem analisadas, que variam sobremaneira por conta da diversidade na composição e dimensionamento dos recursos objeto do capítulo 3, bem como pela característica específica e singular de cada projeto a ser planejado, executado e monitorado.

É claro que o fator humano ainda pesa muito no gerenciamento de projetos, e cada vez isso fica mais evidenciado nos ambientes das organizações. A humanização das equipes fará diferença nos resultados dos projetos e no dimensionamento correto dos recursos físicos. Nesse sentido, destacamos o papel do gerente do projeto como líder desse processo de fazer as coisas acontecerem, alavancando ações adequadas e alinhadas às expectativas das organizações que normalmente estão por trás dos projetos.

Por decorrência, procuramos apresentar, de forma analítica, uma síntese dos principais tópicos que compõem o plano de gerenciamento dos recursos dos projetos, alicerçados não só no conhecimento da literatura técnico-acadêmica, mas, e principalmente, na experiência prática exposta em vários exemplos que trouxemos no contexto dos tópicos abordados.

Para facilitar o entendimento da aplicação cotidiana da presente obra, apresentamos um passo a passo dos tópicos objeto do plano de gerenciamento de recursos, presentes no apêndice do livro. Foi dada ênfase também a ferramentas que, independentemente do plano de gerenciamento de recursos, podem ser usadas rapidamente no dia a dia, como a matriz de responsabilidades, que ajuda por demais no controle das atividades dos integrantes das equipes, e o histograma de recursos, que dimensiona e nivela no tempo qualquer tipo de recurso de que o projeto vier a necessitar.

Julgamos ter sido a melhor estratégia para que os leitores possam compreender a relevância de cada etapa do plano, e também possa exercer uma aplicação imediata nos projetos em que estejam envolvidos. Nesse sentido, é importante lembrar que um plano de gerenciamento de recursos em projetos faz parte de um todo maior, que é o plano de gerenciamento do projeto. Deixamos clara a importância de se entender que no gerenciamento de projetos todas as áreas do conhecimento se falam e se complementam, e por isso foi comum neste livro a citação, em vários momentos, dessas correlações entre áreas, como no capítulo 1, pois não sendo assim o leitor não entenderia onde o gerenciamento de recursos se insere no gerenciamento de projetos.

Uma primeira conclusão se reveste no fato de que, mesmo com a inclusão dos recursos físicos, como máquinas, equipamentos, insumos, e outros da mesma natureza, além de serviços de terceiros, é de suma importância o detalhamento do escopo do projeto, de seu cronograma e de definições de especificações para que se consiga o melhor planejamento voltado à alocação ótima dos respectivos recursos no projeto.

Concluímos também pela necessidade da definição clara das interfaces diretas com as áreas de aquisições e de recursos humanos da organização, a partir das decisões prévias do *make or buy*, para a contratação dos recursos, estabelecimento de responsabilidades respectivas, tendo em vista o devido acompanhamento pelo gerenciamento de recursos, para que estejam disponíveis as quantidades solicitadas, com a qualidade requerida e nas datas aprazadas.

O terceiro aspecto conclusivo se pauta na relevância do capital humano competente da equipe de projetos, para que se obtenha uma execução dentro da performance planejada para cada projeto. Consideramos como pano de fundo o impacto da estrutura, e a cultura da organização como desafio no gerenciamento dos recursos humanos na formação e desenvolvimento das equipes de projeto organizacionais e interorganizacionais, como abordado por Cardoso e Mardegan (2010).

Não temos dúvida de que participação, engajamento, motivação e comprometimento da equipe, bem como dos demais *stakeholders* ligados diretamente às entregas do projeto são a chave para a obtenção de um vetor positivo em relação ao resultado planejado de cada projeto. De nada adiantará a utilização de excelentes ferramentas de controle do gerenciamento dos projetos, se as equipes não estiverem em total sintonia e voltadas para resultados. Assim, o gerenciamento de recursos está diretamente ligado ao sucesso do projeto. Se o mesmo não for feito adequadamente, todo o sucesso poderá estar comprometido.

Finalizando, buscamos demonstrar que o uso adequado das ferramentas, casos, métodos e exemplos apresentados nesta obra não são apenas de natureza prática no gerenciamento dos recursos dos projetos, mas também devem ser objeto de reflexão e inspiração para o aprimoramento contínuo, em função dos constantes desafios e mudanças do ambiente empresarial, que se revelam como marca expressiva do competitivo cenário organizacional contemporâneo.

Referências

ALBERT, S.; WHETTEN, D. Organizational identity. In: NOME, C. M.; SCHULTZ, M. *Organizational identity*: a reader. Nova York: Oxford University Press, 2010.

ALCÂNTARA, Pedro Thiago Rocha. *Gestão de pessoas em metodologias ágeis*. Brasília: Ed. UnB, 2017.

APPEL, H.; BITENCOURT, C. C. Gestão de pessoas por competência: institucionalização, possibilidades e dificuldades implícitas nas relações trabalhistas brasileiras. *Organização e Sociedade*, Salvador, BA, v. 15, n. 46, p. 175-193, jul./set. 2008.

ASSOCIAÇÃO BRASILEIRA DE NORMAS TÉCNICAS (ABNT). *NBR ISO 9001*: sistemas de gestão da qualidade: requisitos. 2. ed. Rio de Janeiro: ABNT, 2008. Disponível em: <www.ifba.edu.br/professores/antonioclodoaldo/11%20ISO/NORMA%20ABNT%20NBR%20ISO%209001.2008.pdf>. Acesso em: 15 jul. 2019.

BARBOSA, C. et al. *Gerenciamento de custos em projetos*. 5. ed. Rio de Janeiro: FGV Ed., 2014.

BARCAUÍ, A; REGO, M. *Fundamentos do gerenciamento de projetos*. Rio de Janeiros: FGV Ed., 2019.

BARRETO JR., J. T. B. *Indicadores e métricas*: ferramentas para avaliação de resultados de P&D visando à inovação no setor elétrico. Dissertação (mestrado em metrologia, inovação e qualidade) – Pontifícia Universidade Católica, Rio de Janeiro, 2009.

BEEDLE, Miket et al. *Agile Manifesto*. [S.d.]. Disponível em: <http://agilemanifesto.org/>. Acesso em: 25 jul. 2019.

BITENCOURT, C. C. A gestão de competências como alternativa de formação e desenvolvimento nas organizações: uma reflexão crítica baseada na percepção de um grupo de gestores. In: RUAS, R.; ANTONELLO, C. S.; BOFF, L. H. (Org.). *Aprendizagem organizacional e competências*. Porto Alegre: Bookman, 2004.

BOFF, L. H. *O processo cognitivo de trabalho de conhecimento*: um estudo exploratório sobre o uso da informação no ambiente de análise de investimentos. 2000. 179 f. Tese (doutorado) – Programa de Pós-Graduação em Administração, Universidade Federal do Rio Grande do Sul, Porto Alegre, 2000.

BONOTTO, F.; BITENCOURT, C. C. Os elementos das competências coletivas em grupos de trabalho: a experiência da Copesul. In: ENCONTRO DA ASSOCIAÇÃO NACIONAL DE PÓS-GRADUAÇÃO E PESQUISA EM ADMINISTRAÇÃO (ENANPAD), 30., 2006, Salvador, BA. *Anais*... Salvador, Anpad, 2006.

CARDOSO, Marco. Gestão integrada de pessoas na sustentabilidade das arquiteturas interorganizacionais contemporâneas. *Organizações em Contexto*: revista do Programa de Pós-Graduação em Administração da Universidade Metodista de São Paulo, São Bernardo do Campo, SP, n. 6, 2007.

______. *Gestão de relações estratégicas interpessoais nas alianças corporativas (GRE)*: sinergia de valor na gestão integrada de RH. 2008. 211 f. Dissertação (mestrado) – Programa de Pós-Graduação em Administração, Universidade Metodista de São Paulo, São Bernardo do Campo, SP, 2008a.

______. Do taylorismo ao globalismo: evolução e perspectivas. In: MARRAS, J. P. *Capital – trabalho*: o desafio da gestão estratégica de pessoas no século XXI. São Paulo: Futura, 2008b.

______. *A construção da identidade organizacional decorrente de um processo de spin off*: um estudo fundamentado na análise semiótica do discurso. Tese (doutorado em administração de empresas) – Universidade Presbiteriana Mackenzie, São Paulo, 2013.

_____; MARDEGAN, Flávia. As competências coletivas interorganizacionais nos ambientes de projeto. In: SEMINÁRIO EM ADMINISTRAÇÃO (SEMEAD FEA-USP), 13., 2010, São Paulo. *Anais*... São Paulo, FEA-USP, 2010.

_____; MARRAS, Jean. *Nova gestão estratégica de pessoas*: gerando valor aos stakeholders. São Paulo: Saint Paul, 2013.

_____; HANASHIRO, Darcy; BARROS, Diana. Um caminho metodológico pela análise semiótica de discurso para pesquisas em identidade organizacional. *Cadernos Ebape.BR*, v. 14, n. 2, p. 351-376, 2016.

_____; MARRAS, Jean; COSTA, Benny. *Taylorismo globalizado*: um estudo do setor industrial de telecomunicações. In: ENCONTRO DE GESTÃO DE PESSOAS E RELAÇÕES DE TRABALHO, 1., 2007, Natal, RN. *Anais*... Rio de Janeiro: Anpad, 2007. Disponível em: <http://www.anpad.org.br/admin/pdf/ENGPR435.pdf>. Acesso em: 30 jul. 2018.

CHAVES, N. M. D. *Esculpindo líderes de equipes*. 4. ed. Nova Lima, MG: Falconi, 2013.

CHIAVENATO, I. *Introdução à teoria geral da administração*. Rio de Janeiro: Campus, 2003.

COHEN, S. G.; BAILEY, D. What makes teams work: group effectiveness research from shop floor to executive suite. *Journal of Management*, v. 23, n. 3, p. 239-290, 1997.

DOLLEN, T.; HACKER, M.; AKEN, E. Organizational context of engineering team effectiveness. *Team Performance Management*, v. 2, n. 5/6, p. 38-54, 2006.

DUTRA, J. S. Gestão de pessoas com base em competências. In: DUTRA, J. S. (Org.). *Gestão por competências*. São Paulo: Gente, 2001. p. 25-43.

FINAMOR, Ana et al. *Construção de equipes de alto desempenho*. Rio de Janeiro: FGV Ed., 2015.

FLEURY, A.; FLEURY, M. *Estratégias empresariais e formação de competências*. 3. ed. São Paulo: Atlas. 2006.

FRIEDMAN, T. *O mundo é plano*: uma breve história do século XXI. Rio de Janeiro: Objetiva, 2005.

HANASHIRO, D. M. M.; QUEIROZ, R. C. O efeito da diversidade no desempenho dos times de trabalho: um *trade-off* entre homogeneidade e heterogeneidade. In: ENCONTRO DA ASSOCIAÇÃO NACIONAL DE PÓS-GRADUAÇÃO E PESQUISA EM ADMINISTRAÇÃO (ENANPAD), 29., 2005, Brasília. *Anais*... Brasília; Anpad, 2005.

_____; _____. O efeito da diversidade nos times multifuncionais: um estudo na indústria automobilística. In: ENCONTRO DA ASSOCIAÇÃO NACIONAL DE PÓS-GRADUAÇÃO E PESQUISA EM ADMINISTRAÇÃO (ENANPAD), 30., 2006, Salvador, BA. *Anais*... Salvador, Anpad, 2006.

HATCH, M.; SCHULTZ, M. The dinamics of organizational identity. In: _____: _____ (Coord.). *Organizational identity*. Nova York: Oxford University Press, 2010.

HERSEY, P.; BLANCHARD, K. H. *Psicologia para administradores*: a teoria e as técnicas de liderança situacional. São Paulo: Ed. Pedagógica e Universitária, 1986.

INTERNATIONAL PROJECT MANAGEMENT ASSOCIATION (IPMA). *IPMA Competence Baseline* (ICB). v. 3.0. Amsterdam: IPMA, 2012.

KATZENBACH, J. R.; SMITH, D. K. *Equipes de alta performance:* conceitos, princípios e técnicas para potencializar o desempenho das equipes. 8. ed. Rio de Janeiro: Elsevier, 2001.

_____; _____ HBR'S 10 must reads on teams. *Harvard Business Review*, 12 mar. 2013. Paperback, 208 p.

LE BOTERF, G. *Desenvolvendo a competência dos profissionais*. Porto Alegre: Artmed, 2003.

LE DEIST, F. D.; WINTERTON, J. What is competence? *Human Resource Development International*, v. 8, n. 1, p. 27-46, mar. 2005.

LEME, R. *Feedback para resultados na gestão por competências pela avaliação 360°*: guia prático para gestores do "dar e receber" *feedback* e a transformação em resultados. Rio de Janeiro: Qualitymark, 2007.

LIEBOWITZ, J.; WILCOX, L. *Knowledge management and its integrative elements*. Boca Raton, FL: CRC, 1997. 205 p.

MACÊDO, I. et al. *Gestão de pessoas*. Rio de Janeiro: FGV Ed., 2012.

MOSCOVICI, F. *Desenvolvimento interpessoal*: treinamento em grupo. 19. ed. Rio de Janeiro: José Olympio, 2010.

NICHOLAS, J.; STEYN, H. *Projects management for business*: engineering and technology. Principles and practice, 3. ed. Oxford: Elsevier, 2008.

NONAKA, I.; TAKEUCHI, H. *Criação de conhecimento na empresa*: como as empresas japonesas geram a dinâmica da inovação. São Paulo: Campus, 1997.

PASSADORI, R. *Quem não comunica não lidera*. São Paulo: Atlas, 2013.

POLANYI, M. *The tacit dimension*. Garden City, KS: Doubleday, 1966.

PROJECT MANAGEMENT INSTITUTE (PMI). *Um guia do conhecimento em gerenciamento de projetos* (*Guia PMBOK®*). 6. ed. Newtown Square, PA: PMI, 2017.

RABAGLIO, Maria Odete. *Seleção por competências*. 2. ed. São Paulo: Eduacator, 2001.

RAJ, Paulo et al. *Gerenciamento de pessoas em projetos*. 2. ed. Rio de Janeiro: FGV Ed., 2010.

ROBBINS, S. *Comportamento organizacional*. São Paulo: Prentice Hall, 2002.

ROCHA-PINTO, Sandra Regina et al. *Dimensões funcionais da gestão de pessoas*. 9. ed. Rio de Janeiro: FGV Ed., 2007. Série Gestão Empresarial.

RUAS, R. (Org.). *Competências*: conceitos, métodos e experiências. São Paulo: Atlas, 2008. p. 287-296.

SABBAGH, R. *Scrum*: gestão ágil para projetos de sucesso. São Paulo: Casa do Código, 2013.

SANDBERG, J.; TARGANA, A. *Managing understanding in organizations*. California: Sage, 2007.

SANT'ANNA, A. S. *Profissionais mais competentes*: políticas e práticas de gestão mais avançadas? *RAE*, v. 7, n. 1, jun. 2008.

SCHEIN, E. *Cultura organizacional e liderança*. São Paulo: Atlas, 2009.

SENGE, P. M. *The fifth discipline*: the art & practice of learning organization. Nova York, NY: Doubleday, 1990.

SPEK, R. V. D.; SPIJKERVET, A. Knowledge management: dealing intelligently with knowledge. In: LIEBOWITZ, J.; WILCOX, L. C. *Knowledge management and its integrative elements*. Boca Raton, FL: CRC, 1997. p. 31-59.

TONET, H.; et al. *Desenvolvimento de equipes*. 2ª ed. Rio de Janeiro: Editora FGV, 2009.

VERMA, Vijay K. *Organizing projects for success*. Newtown Square, PA: PMI, 1995.

______. *Human resource skills for the project manager*. Sylva, NC: PMI, 1996.

ZANELLI, J. et al. (Org.). *Psicologia, organizações e trabalho no Brasil*. Porto Alegre: Armed, 2004.

Apêndice
Exemplo de plano de gerenciamento de recursos

Caro leitor, apresentamos em seguida as mais importantes etapas para a realização de um plano de gerenciamento de recursos como orientação a ser aplicada no gerenciamento de projetos. Logicamente esse plano deverá ser elaborado na fase de planejamento do projeto (PMI, 2017).

Sendo um plano, suas metas e objetivos deverão ser perseguidos pelo gerente de projeto, atualizados com uma regularidade previamente estabelecida no próprio plano. As eventuais solicitações de mudanças e, dessas, as efetivadas deverão ser registradas e transferidas para o banco de dados da empresa como lições aprendidas a serem consideradas em projetos futuros.

Modelo de plano de gerenciamento de recursos em projetos

NOME DO PROJETO		
PLANO DE GERENCIAMENTO DE RECURSOS		
Preparado por		Versão
Aprovado por		Data

Organograma do time do projeto

Refere-se à construção do organograma da equipe de projetos e sua posição hierárquica.

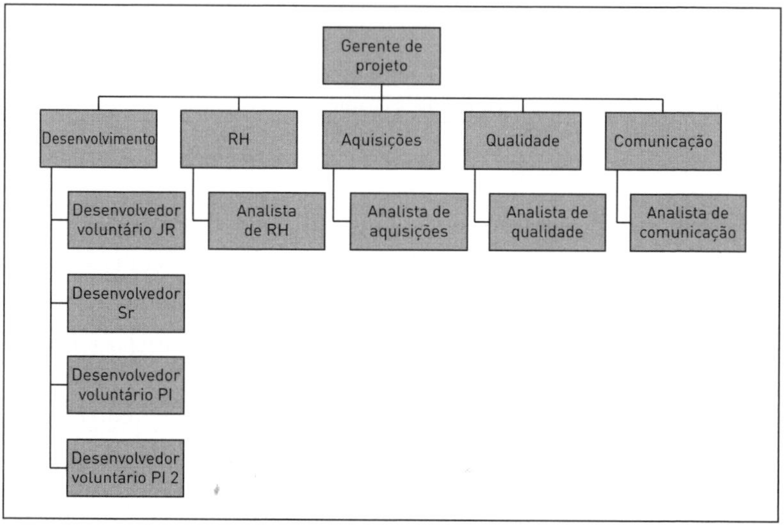

Estrutura analítica dos recursos (EAR) conforme exemplo abaixo

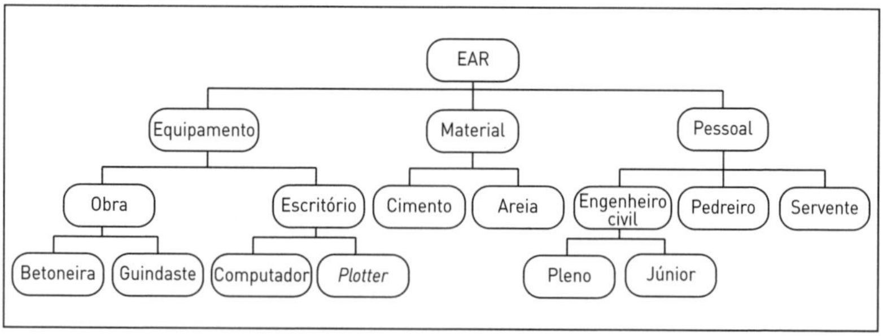

Diretório do time do projeto

Embora essas informações estejam disponíveis no cadastro profissional de cada membro da equipe, devem também estar disponíveis no plano de gerenciamento dos recursos para atender à necessidade de rápidos contatos do dia a dia do projeto.

Nº	Nome	Área/função	E-mail	Telefone
1				
2				
3				
4				
5				
6				
...				

Composição e dimensionamento dos recursos do projeto

RECURSOS DE UMA ATIVIDADE OU PACOTE DE TRABALHO			
Recurso	**Custo unitário**	**Quantidade (*)**	**Custo da atividade**
Analista de sistemas			
Operador			
Compra do servidor		-	
Serviços de terceiros			
Estimativa do total dos recursos			

(*) Adotar uma produtividade nos cálculos de recursos humanos, normalmente dimensionados em homem-hora.

Embora essa tabela seja finalizada pelo gerenciamento de custos, é o gerenciamento de recursos que determinará os tipos e quantidades dos recursos necessários para a realização das entregas previstas na EAP do projeto.

Matriz de responsabilidades (RACI)

R – Responsável; **A** – Aprovador; **C** – Consultado; **I** – Informado; **P** – Participante; **S** – Suplente; outras legendas necessárias.

A matriz de responsabilidade deve ser realizada envolvendo as entregas previstas em relação aos membros da equipe. Pode ser realizada também considerando as áreas do conhecimento e os membros da equipe.

MATRIZ DE RESPONSABILIDADES															
Pacote de trabalho (WBS) ou atividade															
LEGENDA															
A - Aprova; E - Executa; P - Participa; I - Informado; R - Responsável															

É necessário considerar somente um responsável (R) para cada atividade.

Perfil da equipe do projeto

Determinar o perfil de competências necessário para cada função dos membros da equipe do projeto. É recomendável a realização dessa etapa junto com a área de RH da empresa.

Alocação de recursos

Como ferramenta para alocação dos recursos no cronograma, o histograma pode ser usado conforme modelo a seguir, permitindo uma distribuição melhor desses recursos no tempo. O exemplo se aplica a qualquer tipo de recursos no projeto, podendo ser tratado individualmente ou por *pool* de recursos.

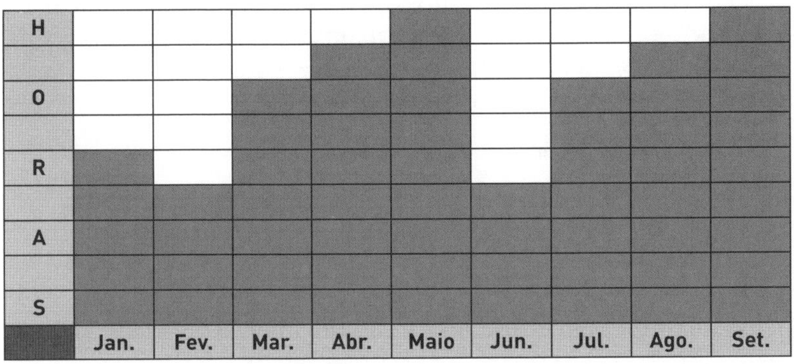

Novos profissionais, realocação e substituição de membros do time

Nessa etapa devem ser relacionadas as principais práticas de recrutamento e seleção da equipe do projeto, como procedimentos e prazos de entrada e saída do projeto, considerando as políticas do RH da empresa. Por exemplo, com quanta antecedência o gerenciamento de recursos deverá informar a necessidade de contratação de profissionais para o projeto.

Treinamento

Essa etapa se refere à descrição de como serão atendidas as necessidades de treinamento da equipe do projeto. Os recursos financeiros para os treinamentos deverão ser lançados na etapa adiante, referente à alocação financeira para o gerenciamento de recursos.

Avaliação de desempenho da equipe do projeto

Nesse item deverão ser descritos os procedimentos e periodicidade das avaliações de desempenho individuais e coletivas da equipe do projeto.

Bonificação

Caso existentes, deverão ser descritos os procedimentos de recompensa e bonificação destinados individualmente ou coletivamente aos membros da equipe.

Alocação financeira para o gerenciamento de recursos

Nessa etapa, devem ser alocados os recursos financeiros para eventos relacionados ao gerenciamento dos recursos, como participação em eventos, *workshops*, reunião de abertura, comemorações com a equipe, treinamentos, entre outros dessa natureza.

Administração do plano de gerenciamento de recursos

Relacionar, nessa etapa, quem é o responsável pelo plano de gerenciamento de recursos.

- Responsável: nome e cargo.
- Suplente: nome e cargo.

Determinar a frequência de atualização do plano de gerenciamento de recursos, lembrando que essa periodicidade pode variar ao longo da execução do projeto.

Outros assuntos relacionados ao gerenciamento de recursos do projeto não previstos neste plano

Os outros assuntos eventualmente não abordados nas etapas anteriores deverão ser apresentados e contextualizados nessa etapa.

Data	**Modificado por**	**Descrição da mudança**

Nas reuniões de atualização do plano de gerenciamento de recursos ou, se for mais premente, no dia a dia, as mudanças e reorientações do plano deverão ser registradas e descritas, relacionando-se seus impactos nas demais atividades e áreas do conhecimento, e lançadas no documento de lições aprendidas para serem incorporadas ao banco de dados da organização, visando a consultas futuras.

Os autores

José Tenorio Barreto Junior

Mestre em metrologia, inovação e qualidade pela Pontifícia Universidade Católica do Rio de Janeiro (PUC-Rio). MBA em gerenciamento de projetos pela Fundação Getulio Vargas (FGV). Pós-graduado em análise de sistemas e graduado em engenharia elétrica pela Universidade Veiga de Almeida (UVA). Autor de artigos acadêmicos dedicados a sistemas de gestão de projetos, programas e portfólios, apresentados em congressos nacionais e internacionais. Premiado em 2014 com o segundo lugar no evento PMO SUMMIT, como líder de PMO mais admirado do ano de 2013. Foi certificado em gerenciamento de projetos pela International Project Management Association (IPMA) no nível A – *certified project director* – e hoje é certificado pelo Project Management Institute (PMI) como PMP (*project management professional*). Professor convidado do FGV Management, em cursos de pós-graduação em gerenciamento de projetos, gestão empresarial, gestão da inovação, gestão do setor elétrico e gestão estratégica de pessoas.

Marco Antonio Fernandes Cardoso

Doutor em administração de empresas pela Universidade Presbiteriana Mackenzie (SP). Mestre em administração de empresas pela Universidade Metodista de São Paulo. MBA em gestão empresarial pela Fundação Getulio Vargas. Especialista em administração de marketing pela Fundação Brasileira de Marketing. Graduado em administração pela Faculdade Brasileira de Recursos Humanos, em engenharia elétrica pela Universidade Presbiteriana Mackenzie e em física pela Universidade de São Paulo. Autor de artigos acadêmicos da área de gestão de organizações e de pessoas, publicados em periódicos acadêmico-científicos, bem como apresentados em congressos, nacionais e internacionais. Autor dos livros: *Capital – trabalho: o desafio da gestão estratégica de pessoas no século XXI*; *Gestão estratégica de pessoas: conceitos e tendências*; *Nova gestão estratégica de pessoas: gerando valor aos stakeholders* e *Construção de equipes de alto desempenho.* Consultor da área de treinamento e ensino. Palestrante e professor convidado do FGV Management em cursos de pós-graduação em gerenciamento de projetos, gestão empresarial e gestão estratégica de pessoas.